Umwelt
2023

Name ....

Vorname ....

Straße ....

Ort ....

Telefon ....

E-Mail ....

Unter Mitarbeit und mit Beiträgen von:

Franz Alt, Baden-Baden
Bente Blasius, Plön
Thomas Daum, Hohenheim
Esteve Franquesa, Berlin
Jana Julia Harms, Ulm
Volker Harms, Lindhöft
Vera Künzel, Berlin
Nicole Lamers, München
Bernd Ludermann, Frankfurt
Annette Lübbers, Balve
Gerhard Mester, Wiesbaden
Liane Pielke-Harms, Lindhöft
Publik-Forum, Oberursel
Steve Przybilla, Bonn
Rettet den Regenwald, Hamburg
Matthias Quent, Magdeburg
Laura Schäfer, Berlin
Rixa Schwarz, Berlin
Für Vielfalt, Göttingen
Weitblick, Berlin
welt-sichten, Frankfurt

Produktinformation:

Der Text ist auf Recyclingpapier gedruckt, das zu 100 Prozent aus Altpapier hergestellt wurde und mit dem blauen Engel ausgezeichnet wurde.

Die Druckfarben (Ökoplus-Serie der Firma Epple) wurden auf pflanzlicher Basis hergestellt.

Der Umschlag ist mit einer umweltfreundlichen Schutzfolie aus Polyethylen überzogen, die keine Chloratome enthält und deshalb beim eventuellen Verbrennen keine Dioxine entstehen lässt.

Druck: AZ Druck und Datentechnik GmbH, Kempten

Zuschriften, Anregungen und Kritik für den *Umwelt 2024* bitte bis zum 30.4.2023 an info@harms-verlag.de
Internet: www.harms-verlag.de; E-Mail: info@harms-verlag.de

ISBN 978-3-86026-294-8

Inhaltsverzeichnis

Kalender 2022

Januar						
Mo		3	10	17	24	31
Di		4	11	18	25	
Mi		5	12	19	26	
Do		6	13	20	27	
Fr		7	14	21	28	
Sa	1	8	15	22	29	
So	2	9	16	23	30	
Wo	52	01	02	03	04	05

Februar					
Mo		7	14	21	28
Di	1	8	15	22	
Mi	2	9	16	23	
Do	3	10	17	24	
Fr	4	11	18	25	
Sa	5	12	19	26	
So	6	13	20	27	
Wo	05	06	07	08	09

März					
Mo		7	14	21	28
Di	1	8	15	22	29
Mi	2	9	16	23	30
Do	3	10	17	24	31
Fr	4	11	18	25	
Sa	5	12	19	26	
So	6	13	20	27	
Wo	09	10	11	12	13

April					
Mo		4	11	18	25
Di		5	12	19	26
Mi		6	13	20	27
Do		7	14	21	28
Fr	1	8	15	22	29
Sa	2	9	16	23	30
So	3	10	17	24	
Wo	13	14	15	16	17

Mai						
Mo		2	9	16	23	30
Di		3	10	17	24	31
Mi		4	11	18	25	
Do		5	12	19	26	
Fr		6	13	20	27	
Sa		7	14	21	28	
So	1	8	15	22	29	
Wo	17	18	19	20	21	22

Juni					
Mo		6	13	20	27
Di		7	14	21	28
Mi	1	8	15	22	29
Do	2	9	16	23	30
Fr	3	10	17	24	
Sa	4	11	18	25	
So	5	12	19	26	
Wo	22	23	24	25	26

Juli					
Mo		4	11	18	25
Di		5	12	19	26
Mi		6	13	20	27
Do		7	14	21	28
Fr	1	8	15	22	29
Sa	2	9	16	23	30
So	3	10	17	24	31
Wo	26	27	28	29	30

August					
Mo	1	8	15	22	29
Di	2	9	16	23	30
Mi	3	10	17	24	31
Do	4	11	18	25	
Fr	5	12	19	26	
Sa	6	13	20	27	
So	7	14	21	28	
Wo	31	32	33	34	35

September					
Mo		5	12	19	26
Di		6	13	20	27
Mi		7	14	21	28
Do	1	8	15	22	29
Fr	2	9	16	23	30
Sa	3	10	17	24	
So	4	11	18	25	
Wo	35	36	37	38	39

Oktober						
Mo		3	10	17	24	31
Di		4	11	18	25	
Mi		5	12	19	26	
Do		6	13	20	27	
Fr		7	14	21	28	
Sa	1	8	15	22	29	
So	2	9	16	23	30	
Wo	39	40	41	42	43	44

November					
Mo		7	14	21	28
Di	1	8	15	22	29
Mi	2	9	16	23	30
Do	3	10	17	24	
Fr	4	11	18	25	
Sa	5	12	19	26	
So	6	13	20	27	
Wo	44	45	46	47	48

Dezember					
Mo		5	12	19	26
Di		6	13	20	27
Mi		7	14	21	28
Do	1	8	15	22	29
Fr	2	9	16	23	30
Sa	3	10	17	24	31
So	4	11	18	25	
Wo	48	49	50	51	52

Kalender 2023

Januar						
Mo		2	9	16	23	30
Di		3	10	17	24	31
Mi		4	11	18	25	
Do		5	12	19	26	
Fr		6	13	20	27	
Sa		7	14	21	28	
So	1	8	15	22	29	
Wo	52	01	02	03	04	05

Februar					
Mo		6	13	20	27
Di		7	14	21	28
Mi	1	8	15	22	
Do	2	9	16	23	
Fr	3	10	17	24	
Sa	4	11	18	25	
So	5	12	19	26	
Wo	05	06	07	08	09

März					
Mo		6	13	20	27
Di		7	14	21	28
Mi	1	8	15	22	29
Do	2	9	16	23	30
Fr	3	10	17	24	31
Sa	4	11	18	25	
So	5	12	19	26	
Wo	09	10	11	12	13

April					
Mo		3	10	17	24
Di		4	11	18	25
Mi		5	12	19	26
Do		6	13	20	27
Fr		7	14	21	28
Sa	1	8	15	22	29
So	2	9	16	23	30
Wo	13	14	15	16	17

Mai					
Mo	1	8	15	22	29
Di	2	9	16	23	30
Mi	3	10	17	24	31
Do	4	11	18	25	
Fr	5	12	19	26	
Sa	6	13	20	27	
So	7	14	21	28	
Wo	18	19	20	21	22

Juni					
Mo		5	12	19	26
Di		6	13	20	27
Mi		7	14	21	28
Do	1	8	15	22	29
Fr	2	9	16	23	30
Sa	3	10	17	24	
So	4	11	18	25	
Wo	22	23	24	25	26

Juli						
Mo		3	10	17	24	31
Di		4	11	18	25	
Mi		5	12	19	26	
Do		6	13	20	27	
Fr		7	14	21	28	
Sa	1	8	15	22	29	
So	2	9	16	23	30	
Wo	26	27	28	29	30	31

August					
Mo		7	14	21	28
Di	1	8	15	22	29
Mi	2	9	16	23	30
Do	3	10	17	24	31
Fr	4	11	18	25	
Sa	5	12	19	26	
So	6	13	20	27	
Wo	31	32	33	34	35

September					
Mo		4	11	18	25
Di		5	12	19	26
Mi		6	13	20	27
Do		7	14	21	28
Fr	1	8	15	22	29
Sa	2	9	16	23	30
So	3	10	17	24	
Wo	35	36	37	38	39

Oktober						
Mo		2	9	16	23	30
Di		3	10	17	24	31
Mi		4	11	18	25	
Do		5	12	19	26	
Fr		6	13	20	27	
Sa		7	14	21	28	
So	1	8	15	22	29	
Wo	39	40	41	42	43	44

November					
Mo		6	13	20	27
Di		7	14	21	28
Mi	1	8	15	22	29
Do	2	9	16	23	30
Fr	3	10	17	24	
Sa	4	11	18	25	
So	5	12	19	26	
Wo	44	45	46	47	48

Dezember					
Mo		4	11	18	25
Di		5	12	19	26
Mi		6	13	20	27
Do		7	14	21	28
Fr	1	8	15	22	29
Sa	2	9	16	23	30
So	3	10	17	24	31
Wo	48	49	50	51	52

Januar

Mo	1	8	15	22	29
Di	2	9	16	23	30
Mi	3	10	17	24	31
Do	4	11	18	25	
Fr	5	12	19	26	
Sa	6	13	20	27	
So	7	14	21	28	
Wo	01	02	03	04	05

Februar

Mo		5	12	19	26
Di		6	13	20	27
Mi		7	14	21	28
Do	1	8	15	22	29
Fr	2	9	16	23	
Sa	3	10	17	24	
So	4	11	18	25	
Wo	05	06	07	08	09

März

Mo		4	11	18	25
Di		5	12	19	26
Mi		6	13	20	27
Do		7	14	21	28
Fr	1	8	15	22	29
Sa	2	9	16	23	30
So	3	10	17	24	31
Wo	09	10	11	12	13

April

Mo		1	8	15	22	29
Di		2	9	16	23	30
Mi		3	10	17	24	
Do		4	11	18	25	
Fr		5	12	19	26	
Sa		6	13	20	27	
So		7	14	21	28	
Wo	13	14	15	16	17	18

Mai

Mo		6	13	20	27
Di		7	14	21	28
Mi	1	8	15	22	29
Do	2	9	16	23	30
Fr	3	10	17	24	31
Sa	4	11	18	25	
So	5	12	19	26	
Wo	18	19	20	21	22

Juni

Mo		3	10	17	24
Di		4	11	18	25
Mi		5	12	19	26
Do		6	13	20	27
Fr		7	14	21	28
Sa	1	8	15	22	29
So	2	9	16	23	30
Wo	22	23	24	25	26

Juli

Mo		1	8	15	22	29
Di		2	9	16	23	30
Mi		3	10	17	24	31
Do		4	11	18	25	
Fr		5	12	19	26	
Sa		6	13	20	27	
So		7	14	21	28	
Wo	26	27	28	29	30	31

August

Mo		5	12	19	26
Di		6	13	20	27
Mi		7	14	21	28
Do	1	8	15	22	29
Fr	2	9	16	23	30
Sa	3	10	17	24	31
So	4	11	18	25	
Wo	31	32	33	34	35

September

Mo		2	9	16	23	30
Di		3	10	17	24	
Mi		4	11	18	25	
Do		5	12	19	26	
Fr		6	13	20	27	
Sa		7	14	21	28	
So	1	8	15	22	29	
Wo	35	36	37	38	39	40

Oktober

Mo		7	14	21	28
Di	1	8	15	22	29
Mi	2	9	16	23	30
Do	3	10	17	24	31
Fr	4	11	18	25	
Sa	5	12	19	26	
So	6	13	20	27	
Wo	40	41	42	43	44

November

Mo		4	11	18	25
Di		5	12	19	26
Mi		6	13	20	27
Do		7	14	21	28
Fr	1	8	15	22	29
Sa	2	9	16	23	30
So	3	10	17	24	
Wo	44	45	46	47	48

Dezember

Mo		2	9	16	23	30
Di		3	10	17	24	31
Mi		4	11	18	25	
Do		5	12	19	26	
Fr		6	13	20	27	
Sa		7	14	21	28	
So	1	8	15	22	29	
Wo	48	49	50	51	52	01

Die beweglichen Feste

	2022	2023	2024	2025	2026
Ostersonntag	17.04	09.04	31.03.	20.04.	05.04.
Christi Himmelfahrt	26.05.	18.05.	09.05.	29.05.	14.05.
Pfingstsonntag	05.06.	28.05.	19.05.	08.06.	24.05.
Fronleichnam	16.06.	08.06.	30.05.	19.06.	04.06.
Buß- und Bettag	16.11.	22.11.	20.11.	19.11.	18.11.
1. Advent	27.11.	03.12.	01.12.	30.11.	29.11.
Heiligabend	Sa	So	Di	Mi	Do

Gesetzliche Feiertage in Deutschland im Jahre 2023

1.1.: Neujahr, 6.1.: Heilige Drei Könige (Baden-Württemberg, Bayern, Sachsen-Anhalt), 7.4.: Karfreitag, 10.4.: Ostermontag, 1.5.: Maifeiertag, 18.5.: Christi Himmelfahrt, 29.5.: Pfingstmontag, 8.6.: Fronleichnam (Baden-Württemberg, Bayern, Hessen, Nordrhein-Westfalen, Rheinland-Pfalz, Saarland, Sachsen teilw., Thüringen teilw.), 15.8.: Mariä Himmelfahrt (Bayern teilw., Saarland), 3.10.: Tag der Deutschen Einheit, 31.10.: Reformationstag (Brandenburg, Hamburg, Mecklenburg-Vorpommern, Niederachsen, Sachsen, Sachsen-Anhalt, Schleswig-Holstein, Thüringen), 1.11.: Allerheiligen (Baden-Württemberg, Bayern, Nordrhein-Westfalen, Rheinland-Pfalz, Saarland), 22.11.: Buß- und Bettag (Sachsen), 25. u. 26.12.: Weihnachten.

Deutschland	Weihn.22/23	Winter 2023	Ostern 2023	Pfingsten 2023
Baden-Württ.	21.12.–07.01.	–	6.4.,11.-15.4.	30.05.–09.06.
Bayern	24.12.–07.01.	20.02–24.02	03.04.-15.04.	30.05.–09.06.
Berlin	22.12.–02.01.	30.01.–04.02.	03.04.-14.04.	19.05/30.05.
Brandenburg	22.12.–03.01.	30.01.–03.02.	03.04.–14.04.	–
Bremen	23.12.–06.01.	30.01.–31.01.	27.03.–11.04.	19.05./30.05.
Hamburg	23.12.–06.01.	27.01.	06.03.–17.03.	15.05.-19.05.
Hessen	22.12.–78.01.	–	03.04.–22.04.	–
Mecklenb.-Vorp.	22.12.–02.01.	06.02.–18.02.	03.04.–12.04.	19.5.,26.-30.5
Niedersachsen	23.12.–06.01.	30.01.–31.01.	27.03.–11.04.	19.05./30.05.
Nordrhein-Westf.	23.12.–06.01.	–	03.04.–15.04.	30.05
Rheinland-Pfalz	23.12.–02.01.	–	03.04.–06.04.	30.05.-07.06
Saarland	22.12.–04.01.	20.02.–24.02.	03.04.–12.04.	30.05.–02.06
Sachsen	22.12.–02.01.	13.02.–24.02.	07.04.–15.04.	19.05.
Sachsen-Anhalt	21.12.–05.01.	06.02.–11.02.	03.04.–08.04.	15.05.–19.05.
Schleswig-Holst.	23.12.–07.01.	–	06.04.–22.04.	19.05.-20.05
Thüringen	22.12.–03.01.	13.02.–17.02.	03.04.–15.04.	19.05.

Deutschland	Sommer 2023	Herbst 2023	Weihn. 23/24	Winter 2024
Baden-Württ.	27.07.–09.09.	30.10.–03.11	23.12.–05.01.	–
Bayern	31.07.–11.09.	30.10.-3.11.,22.11.	23.12.–05.01.	12.02.–16.02.
Berlin	13.07.–25.08.	02.-23.10./5.11.	23.12.–05.01.	05.02.–10.02.
Brandenburg	13.07.–26.08.	23.10.–04.11.	23.12.–05.01.	05.02.–09.02.
Bremen	06.07.–16.08.	2.10./16.-30.10.	23.12.–05.01.	01.02.–02.02.
Hamburg	13.07.–23.08.	2.10./16.-30.10.	22.12.–05.01.	02.02.
Hessen	24.07.–01.09.	23.10.–26.10.	27.12.–13.01.	–
Mecklenb.-Vorp.	17.07.–26.08.	9.-14./30.10.-2.11.	21.12.–03.01.	05.02.–16.02.
Niedersachsen	06.07.–16.08.	2.10./16.-30.10.	27.12.–05.01.	01.02.–02.02.
Nordrhein-Westf.	22.07.–04.08.	02.10.–14.10.	21.12.–05.01.	–
Rheinland-Pfalz	24.07.–01.09.	16.10.–27.10.	27.12.–05.01.	–
Saarland	24.07.–01.09.	23.10.–03.11.	21.12.–12.01.	12.02.–16.02.
Sachsen	10.07.–18.08.	2.-14.10./30.10.	23.12.–02.01.	12.02.–23.02.
Sachsen-Anhalt	06.07.–16.08.	2.10./16.-30.10.	21.12.–03.01.	05.02.–10.02.
Schleswig-Holst.	17.07.–26.08.	16.10.–27.10.	27.12.–06.01.	–
Thüringen	10.07.–19.08.	02.10.–14.10.	22.12.–05.01.	12.02.–16.02.

Österreich	Semester 2023	Ostern 2023	Pfingsten 2023
Kärnten, Salzb., Tirol, Vorarlb.	13.02.–19.02.	19.3./1.-10.04.	27.05.–29.05.
Biurgenland	13.02.–19.02.	01.04.–10.04.	27.05.–29.05.
Oberösterreich	20.02.–26.02.	01.04.–10.04.	4.5./27.-29.05.
Steiermark	20.02.–26.02	19.3./1.-10.04.	27.05.–29.05.
Niederösterreich, Wien	06.02.–12.02.	01.04.–10.04.	27.05.–29.05.

Österreich	Sommer 2023	Herbst 2023	Weihn. 23/24
Burgenland/Niederösterr./Wien	01.07.–03.09.	27.10.–02.11.	24.12.–06.01.
restliche Bundesländer	08.07.–10.09.	27.10.–02.11.	24.12.–06.01.

Schweiz: Die Ferien sind von Gemeinde zu Gemeinde unterschiedlich.

Angegeben sind jeweils der erste und der letzte Ferientag. Gelegentlich werden die Ferien kurzfristig anders festgelegt, als nach der langfristigen Planung vorgesehen. Alle Angaben ohne Gewähr.

Vorwort

Seit Urzeiten ist die Natur Grundlage unseres Lebens. Der Mensch hat es seit jeher verstanden, sich die Natur untertan zu machen oder sich doch zumindest an ihre Gegebenheiten anzupassen.

Schon in der Bibel wird mahnend erwähnt, dass es bestimmte Regeln gibt, die dem Menschen nicht einleuchten, die aber doch tunlichst beachtet werden sollten. So kam es, dass Eva der Versuchung erlag und sie zusammen mit Adam, dem das gleichgültig zu sein schien, aus dem Paradies geworfen wurde und dass die beiden (also wir) fortan ihr Brot im Schweiße ihres Angesichts erarbeiten mussten.

Inzwischen fühlen wir uns über derlei erhaben, wir haben ja unsere Technik und wenn wir uns trotz unseres satten Wohlstandes unglücklich fühlen, greifen wir zu Alkohol oder Zigarette, notfalls auch zu Psychopharmaka oder Schlimmerem.

Dass wir die Natur zugrunde richten, wollen wir nicht wahrhaben, wir blenden es aus. Jede Fahrt nach Italien oder ein Blick in ein Geschichtsbuch würde uns eines Besseren belehren: Schon in römischer Zeit haben die Menschen Raubbau an der Natur getrieben, sie haben die Wälder abgeholzt und die sind bis heute nicht nachgewachsen.

Im 19. und 20. Jahrhundert hätten einige Tausend Walfänger es fast geschafft, die Waale auszurotten. Ein weltweiter Widerstand konnte praktisch in letzter Sekunde erreichen, dass dieser Wahnsinn gestoppt wurde, so dass sich die Bestände inzwischen langsam erholen. Dass dies gelang, hängt wohl auch damit zusammen, dass der Waalfang nicht das ganz große Geschäft war.

Am Umweltfrevel unserer Tage hingegen verdienen mächtige Player (so nennen sie sich selber!), die Erdölindustrie, die Kohleindustrie, das internationale Agrarbuisiness und eigentlich alle, die im Wirtschaftsleben das Sagen haben.

Auf der Seite derer, die einen lebenswerten Planeten für ihre Kinder und Kindeskinder erhalten wollen, stehen wir, die einfachen Menschen, die einfach nur leben wollen. Aber wir haben einen wichtigen Verbündeten: die Vernunft.

Volker Harms

Dezember 2022

1	Do		48. Wo
2	Fr		
3	Sa		
4	So	2. Advent	
5	Mo		49. Wo
6	Di	Nikolaustag	
7	Mi		
8	Do		
9	Fr		
10	Sa		
11	So	3. Advent	
12	Mo		50. Wo
13	Di		
14	Mi		
15	Do		
16	Fr		
17	Sa		
18	So	4. Advent	
19	Mo		51. Wo
20	Di		
21	Mi	Winteranfang	
22	Do		
23	Fr		
24	Sa	Heiligabend	
25	So	1. Weihnachtstag	
26	Mo	2. Weihnachtstag	52.Wo
27	Di		
28	Mi		
29	Do		
30	Fr		
31	Sa	Silvester	

Januar 2023

1	So	Neujahr	
2	Mo		1. Wo
3	Di		
4	Mi		
5	Do		
6	Fr	Heilige Drei Könige	
7	Sa		
8	So		
9	Mo		2. Wo
10	Di		
11	Mi		
12	Do		
13	Fr		
14	Sa		
15	So		
16	Mo		3. Wo
17	Di		
18	Mi		
19	Do		
20	Fr		
21	Sa		
22	So		
23	Mo		4. Wo
24	Di		
25	Mi		
26	Do		
27	Fr		
28	Sa		
29	So		
30	Mo		5. Wo
31	Di		

Februar 2023

1	Mi		
2	Do		
3	Fr		
4	Sa		
5	So		
6	Mo		6. Wo
7	Di		
8	Mi		
9	Do		
10	Fr		
11	Sa		
12	So		
13	Mo		7. Wo
14	Di		
15	Mi		
16	Do		
17	Fr		
18	Sa		
19	So		
20	Mo	Rosenmontag	8. Wo
21	Di	Fastnacht	
22	Mi	Aschermittwoch	
23	Do		
24	Fr		
25	Sa		
26	So		
27	Mo		9. Wo
28	Di		

März 2023

1	Mi		
2	Do		
3	Fr		
4	Sa		
5	So		
6	Mo		10. Wo
7	Di		
8	Mi		
9	Do		
10	Fr		
11	Sa		
12	So		
13	Mo		11. Wo
14	Di		
15	Mi		
16	Do		
17	Fr		
18	Sa		
19	So		
20	Mo	Frühlingsanfang	12. Wo
21	Di		
22	Mi		
23	Do		
24	Fr		
25	Sa		
26	So	Beginn d. Sommerzeit	
27	Mo		13. Wo
28	Di		
29	Mi		
30	Do		
31	Fr		

April 2023

1	Sa		
2	So		
3	Mo		14. Wo
4	Di		
5	Mi		
6	Do		
7	Fr	Karfreitag	
8	Sa		
9	So	Ostersonntag	
10	Mo	Ostermontag	15. Wo
11	Di		
12	Mi		
13	Do		
14	Fr		
15	Sa		
16	So		
17	Mo		16. Wo
18	Di		
19	Mi		
20	Do		
21	Fr		
22	Sa		
23	So		
24	Mo		17. Wo
25	Di		
26	Mi		
27	Do		
28	Fr		
29	Sa		
30	So		

Mai 2023

1	Mo	Tag der Arbeit	18. Wo
2	Di		
3	Mi		
4	Do		
5	Fr		
6	Sa		
7	So		
8	Mo		19. Wo
9	Di		
10	Mi		
11	Do		
12	Fr		
13	Sa		
14	So		
15	Mo		20. Wo
16	Di		
17	Mi		
18	Do	Christi Himmelfahrt	
19	Fr		
20	Sa		
21	So		
22	Mo		21. Wo
23	Di		
24	Mi		
25	Do		
26	Fr		
27	Sa		
28	So	Pfingstsonntag	
29	Mo	Pfingstmontag	22. Wo
30	Di		
31	Mi		

Juni 2023

1	Do		
2	Fr		
3	Sa		
4	So		
5	Mo		23. Wo
6	Di		
7	Mi		
8	Do	Fronleichnam	
9	Fr		
10	Sa		
11	So		
12	Mo		24. Wo
13	Di		
14	Mi		
15	Do		
16	Fr		
17	Sa		
18	So		
19	Mo		25. Wo
20	Di		
21	Mi	Sommeranfang	
22	Do		
23	Fr		
24	Sa		
25	So		
26	Mo		26. Wo
27	Di		
28	Mi		
29	Do		
30	Fr		

Juli 2023

1	Sa	
2	So	
3	Mo	27. Wo
4	Di	
5	Mi	
6	Do	
7	Fr	
8	Sa	
9	So	
10	Mo	28. Wo
11	Di	
12	Mi	
13	Do	
14	Fr	
15	Sa	
16	So	
17	Mo	29. Wo
18	Di	
19	Mi	
20	Do	
21	Fr	
22	Sa	
23	So	
24	Mo	30. Wo
25	Di	
26	Mi	
27	Do	
28	Fr	
29	Sa	
30	So	
31	Mo	31. Wo

August 2023

1	Di	Bundesfeier (CH)	
2	Mi		
3	Do		
4	Fr		
5	Sa		
6	So		
7	Mo		32. Wo
8	Di		
9	Mi		
10	Do		
11	Fr		
12	Sa		
13	So		
14	Mo		33. Wo
15	Di	Mariä Himmelfahrt	
16	Mi		
17	Do		
18	Fr		
19	Sa		
20	So		
21	Mo		34. Wo
22	Di		
23	Mi		
24	Do		
25	Fr		
26	Sa		
27	So		
28	Mo		35. Wo
29	Di		
30	Mi		
31	Do		

September 2023

1	Fr		
2	Sa		
3	So		
4	Mo		36. Wo
5	Di		
6	Mi		
7	Do		
8	Fr		
9	Sa		
10	So		
11	Mo		37. Wo
12	Di		
13	Mi		
14	Do		
15	Fr		
16	Sa		
17	So		
18	Mo		38. Wo
19	Di		
20	Mi		
21	Do		
22	Fr		
23	Sa	Herbstanfang	
24	So		
25	Mo		39. Wo
26	Di		
27	Mi		
28	Do		
29	Fr		
30	Sa		

Oktober 2023

1	So		
2	Mo		40. Wo
3	Di	Tag der Dt. Einheit	
4	Mi		
5	Do		
6	Fr		
7	Sa		
8	So		
9	Mo		41. Wo
10	Di		
11	Mi		
12	Do		
13	Fr		
14	Sa		
15	So		
16	Mo		42. Wo
17	Di		
18	Mi		
19	Do		
20	Fr		
21	Sa		
22	So		
23	Mo		43. Wo
24	Di		
25	Mi		
26	Do	Nationalfeiert. (A)	
27	Fr		
28	Sa		
29	So	Ende der Sommerzeit	
30	Mo		44. Wo
31	Di	Reformationstag	

November 2023

1	Mi	Allerheiligen	
2	Do		
3	Fr		
4	Sa		
5	So		
6	Mo		45. Wo
7	Di		
8	Mi		
9	Do		
10	Fr		
11	Sa		
12	So		
13	Mo		46. Wo
14	Di		
15	Mi		
16	Do		
17	Fr		
18	Sa		
19	So	Volkstrauertag	
20	Mo		47. Wo
21	Di		
22	Mi	Buß- und Bettag	
23	Do		
24	Fr		
25	Sa		
26	So	Totensonntag	
27	Mo		48. Wo
28	Di		
29	Mi		
30	Do		

Dezember 2023

1	Fr		
2	Sa		
3	So	1. Advent	
4	Mo		49. Wo
5	Di		
6	Mi	Nikolaustag	
7	Do		
8	Fr		
9	Sa		
10	So	2. Advent	
11	Mo		50. Wo
12	Di		
13	Mi		
14	Do		
15	Fr		
16	Sa		
17	So	3. Advent	
18	Mo		51. Wo
19	Di		
20	Mi		
21	Do		
22	Fr	Winteranfang	
23	Sa		
24	So	4. Advent, Heiligabend	
25	Mo	1. Weihnachtstag	52. Wo
26	Di	2. Weihnachtstag	
27	Mi		
28	Do		
29	Fr		
30	Sa		
31	So	Silvester	

Januar 2024

1	Mo	Neujahr	1. Wo
2	Di		
3	Mi		
4	Do		
5	Fr		
6	Sa	Heilige Drei Könige	
7	So		
8	Mo		2. Wo
9	Di		
10	Mi		
11	Do		
12	Fr		
13	Sa		
14	So		
15	Mo		3. Wo
16	Di		
17	Mi		
18	Do		
19	Fr		
20	Sa		
21	So		
22	Mo		4. Wo
23	Di		
24	Mi		
25	Do		
26	Fr		
27	Sa		
28	So		
29	Mo		5. Wo
30	Di		
31	Mi		

Februar 2024

1	Do		
2	Fr		
3	Sa		
4	So		
5	Mo		6. Wo
6	Di		
7	Mi		
8	Do		
9	Fr		
10	Sa		
11	So		
12	Mo	Rosenmontag	7. Wo
13	Di	Fastnacht	
14	Mi	Aschermittwoch	
15	Do		
16	Fr		
17	Sa		
18	So		
19	Mo		8. Wo
20	Di		
21	Mi		
22	Do		
23	Fr		
24	Sa		
25	So		
26	Mo		9. Wo
27	Di		
28	Mi		
29	Do		

März 2024

1	Fr		
2	Sa		
3	So		
4	Mo		10. Wo
5	Di		
6	Mi		
7	Do		
8	Fr		
9	Sa		
10	So		
11	Mo		11. Wo
12	Di		
13	Mi		
14	Do		
15	Fr		
16	Sa		
17	So		
18	Mo		12. Wo
19	Di		
20	Mi	Frühlingsanfang	
21	Do		
22	Fr		
23	Sa		
24	So		
25	Mo		13. Wo
26	Di		
27	Mi		
28	Do		
29	Fr	Karfreitag	
30	Sa		
31	So	Ostersonntag, Beg. d. Sommerz.	

April 2024

1	Mo	Ostermontag	14. Wo
2	Di		
3	Mi		
4	Do		
5	Fr		
6	Sa		
7	So		
8	Mo		15. Wo
9	Di		
10	Mi		
11	Do		
12	Fr		
13	Sa		
14	So		
15	Mo		16. Wo
16	Di		
17	Mi		
18	Do		
19	Fr		
20	Sa		
21	So		
22	Mo		17. Wo
23	Di		
24	Mi		
25	Do		
26	Fr		
27	Sa		
28	So		
29	Mo		18. Wo
30	Di		

Mai 2024

1 Mi	Tag der Arbeit	
2 Do		
3 Fr		
4 Sa		
5 So		
6 Mo		19. Wo
7 Di		
8 Mi		
9 Do	Christi Himmelfahrt	
10 Fr		
11 Sa		
12 So		
13 Mo		20. Wo
14 Di		
15 Mi		
16 Do		
17 Fr		
18 Sa		
19 So	Pfingstsonntag	
20 Mo	Pfingstmontag	21. Wo
21 Di		
22 Mi		
23 Do		
24 Fr		
25 Sa		
26 So		
27 Mo		22. Wo
28 Di		
29 Mi		
30 Do	Fronleichnam	
31 Fr		

Juni 2024

1 Sa		
2 So		
3 Mo		23. Wo
4 Di		
5 Mi		
6 Do		
7 Fr		
8 Sa		
9 So		
10 Mo		24. Wo
11 Di		
12 Mi		
13 Do		
14 Fr		
15 Sa		
16 So		
17 Mo		25. Wo
18 Di		
19 Mi		
20 Do	Sommeranfang	
21 Fr		
22 Sa		
23 So		
24 Mo		26. Wo
25 Di		
26 Mi		
27 Do		
28 Fr		
29 Sa		
30 So		

Juli 2024

1	Mo	27. Wo
2	Di	
3	Mi	
4	Do	
5	Fr	
6	Sa	
7	So	
8	Mo	28. Wo
9	Di	
10	Mi	
11	Do	
12	Fr	
13	Sa	
14	So	
15	Mo	29. Wo
16	Di	
17	Mi	
18	Do	
19	Fr	
20	Sa	
21	So	
22	Mo	30. Wo
23	Di	
24	Mi	
25	Do	
26	Fr	
27	Sa	
28	So	
29	Mo	31. Wo
30	Di	
31	Mi	

August 2024

1	Do	Bundesfeier (CH)
2	Fr	
3	Sa	
4	So	
5	Mo	32. Wo
6	Di	
7	Mi	
8	Do	
9	Fr	
10	Sa	
11	So	
12	Mo	33. Wo
13	Di	
14	Mi	
15	Do	Mariä Himmelfahrt
16	Fr	
17	Sa	
18	So	
19	Mo	34. Wo
20	Di	
21	Mi	
22	Do	
23	Fr	
24	Sa	
25	So	
26	Mo	35. Wo
27	Di	
28	Mi	
29	Do	
30	Fr	
31	Sa	

September 2024

1	So		
2	Mo		36. Wo
3	Di		
4	Mi		
5	Do		
6	Fr		
7	Sa		
8	So		
9	Mo		37. Wo
10	Di		
11	Mi		
12	Do		
13	Fr		
14	Sa		
15	So		
16	Mo		38. Wo
17	Di		
18	Mi		
19	Do		
20	Fr		
21	Sa		
22	So	Herbstanfang	
23	Mo		39. Wo
24	Di		
25	Mi		
26	Do		
27	Fr		
28	Sa		
29	So		
30	Mo		40. Wo

Oktober 2024

1	Di		
2	Mi		
3	Do	Tag der Dt. Einheit	
4	Fr		
5	Sa		
6	So		
7	Mo		41. Wo
8	Di		
9	Mi		
10	Do		
11	Fr		
12	Sa		
13	So		
14	Mo		42. Wo
15	Di		
16	Mi		
17	Do		
18	Fr		
19	Sa		
20	So		
21	Mo		43. Wo
22	Di		
23	Mi		
24	Do		
25	Fr		
26	Sa	Nationalfeiert. (A)	
27	So	Ende d. Sommerz.	
28	Mo		44. Wo
29	Di		
30	Mi		
31	Do	Reformationstag	

November 2024

1	Fr	Allerheiligen	
2	Sa		
3	So		
4	Mo		45. Wo
5	Di		
6	Mi		
7	Do		
8	Fr		
9	Sa		
10	So		
11	Mo		46. Wo
12	Di		
13	Mi		
14	Do		
15	Fr		
16	Sa		
17	So	Volkstrauertag	
18	Mo		47. Wo
19	Di		
20	Mi	Buß- und Bettag	
21	Do		
22	Fr		
23	Sa		
24	So	Totensonntag	
25	Mo		48. Wo
26	Di		
27	Mi		
28	Do		
29	Fr		
30	Sa		

Dezember 2024

1	So	1. Advent	
2	Mo		49. Wo
3	Di		
4	Mi		
5	Do		
6	Fr	Nikolaustag	
7	Sa		
8	So	2. Advent	
9	Mo		50. Wo
10	Di		
11	Mi		
12	Do		
13	Fr		
14	Sa		
15	So	3. Advent	
16	Mo		51. Wo
17	Di		
18	Mi		
19	Do		
20	Fr		
21	Sa	Winteranfang	
22	So	4. Advent	
23	Mo		52. Wo
24	Di	Heiligabend	
25	Mi	1. Weihnachtstag	
26	Do	2. Weihnachtstag	
27	Fr		
28	Sa		
29	So		
30	Mo		1. Wo
31	Di	Silvester	

Radikale Verkehrswende in Berlin: Im Graefekiez sollen alle privaten Parkplätze wegfallen. Viele, die dort wohnen, wählen grün und sind besser verdienende Akademiker. Doch dieses Experiment finden längst nicht alle gut.

Streit um die Straße

Von Nana Gerritzen

Wo sich sonst Autos und Radfahrer durch den eigentlich verkehrsberuhigten Bereich drängeln, fahren heute nur Bobbycars und Laufräder. Kinder spielen mit Bällen und Seifenblasen, mit Kreide hat jemand »Wer schiebt, wird geliebt« auf die Straße geschrieben. Seit drei Jahren wird die Böckhstraße im Graefekiez des Berliner Stadtteils Kreuzberg jeden Mittwochnachmittag zur Spielstraße, lädt Kinder und Erwachsene zum Toben, Malen und Verweilen ein. Sie ist die erste temporäre Spielstraße in der Hauptstadt, das Angebot wird gerade bei schönem Wetter sehr gut angenommen. Autos und Radfahrern ist die Durchfahrt in diesem Zeitraum verboten, Straßenschilder weisen daraufhin, dass auch woanders geparkt werden muss – woran sich fast alle halten, seit das Ordnungsamt mittwochs regelmäßig Strafzettel verteilt.

Eine Straße ohne Autos: Das könnte bald für den ganzen rund 20.000 Menschen zählenden Kiez zur Realität und zum Vorzeige-Verkehrswendeprojekt der Republik werden. Jedenfalls wenn es nach SPD und Grünen geht. Ihr Antrag in der Bezirksversammlung zielt darauf ab, in einem Modellprojekt alle privaten Parkplätze abzuschaffen – zunächst für sechs bis zwölf Monate. Den Plänen nach dürften dann nur noch Menschen mit Behinderungen ihre privaten Pkw im Kiez parken. Die betroffenen Straßen sollen als Spielstraßen ausgewiesen werden, das Befahren und auch Zu- und Anlieferungen sollen jedoch weiter möglich sein. Außerdem soll mehr Platz für Sharing-Fahrzeuge wie Leih-Autos, Fahrräder, Lastenräder und Elektroroller geschaffen werden. »Ich finde es toll, dass der privatautofreie Kiez erst mal als Experiment ausprobiert wird«, sagt Cornelia Dittrich, die sich als Mitinitiatorin des Bündnisses *Temporäre Spielstraßen* schon seit 2008 dafür einsetzt, Straßen wieder als öffentlichen Raum zu verstehen, der der Allgemeinheit gehört. Mit anderen ist sie geistige Urheberin der temporären Spielstraße in der Böckhstraße. »Wenn es gut läuft und die meisten es schön finden, hat man einen Erkenntnisgewinn«, sagt sie. »Wenn alle nur schimpfen, lässt man es eben wieder.«

Doch geschimpft wird auch jetzt schon – lange bevor überhaupt klar ist, ob und wann der parkplatzfreie Kiez überhaupt jemals Realität wird. Auf politischer Ebene wenig überraschend von der Opposition. Timur Husein, CDU-Kreisvorsitzender in Friedrichshain-Kreuzberg und Volljurist, kritisiert das Vorhaben als rechtswidrig und undemokratisch. »Hier werden alle Anwohner für einen Versuch in Haft genommen und sollen dafür auch noch bezahlen«, sagt er. Er hoffe, dass jemand dagegen klagt, »ich würde ihm als Rechtsanwalt zur Verfügung stehen«, so Husein.

Im Kiez selber ist das Meinungsspektrum groß. Neben vielen, die das Vorhaben begrüßen, gibt es auch die, die nicht einverstanden. sind – und das sogar unter jenen, die mittwochs mit ihren Kindern auf der Böckhstraße spielen. Um das zu verstehen, lohnt ein Blick in die Vergangenheit: In den gut 30 Jahren seit der Wiedervereinigung hat sich Kreuzberg vom armen Arbeiter-, Hausbesetzer- und Migrantenstadtteil zum angesagten Szenebezirk gemausert. Die Bevölkerungsstruktur hat sich nahezu komplett gewandelt. Durch den Fall der Mauer rückte die früher eher

unbeliebte Wohngegend näher an die neue – ehemals zum Ostteil der Stadt gehörende – Mitte. Heute wohnen in Kreuzberg zwar weiterhin viele Grünenwähler, viele von ihnen sind aber auch Besserverdiener. Die Immobilienpreise sind in den vergangenen Jahren so stark gestiegen, dass der Bezirk inzwischen der zweitteuerste der Stadt ist, sogar in den Villenvierteln Zehlendorfs sind die Mietpreise niedriger. Mit der Attraktivität Kreuzbergs und der Finanzkraft seiner Bewohner sind auch Größe und Anzahl der Autos im Bezirk deutlich gewachsen.

»Ich finde es schrecklich«, kommentiert etwa Lara Farouq, die mit Mann und fünf Kindern im Graefekiez wohnt, die Pläne von SPD und Grünen. »Es ist jetzt schon schwer, einen Parkplatz im Kiez zu finden, das wird sich dann noch verschärfen.« Die Familie nutzt zwei Autos, um Jobs und Großfamilienalltag unter einen Hut zu bekommen.

Bestattungsunternehmerin Birgit Scheffler versteht Befürworter wie Kritiker. »Als Mutter einer Siebenjährigen finde ich es toll, künftig mehr Spielbereiche hier im Kiez zu haben«, sagt sie. Mit ihrer Familie wohnt sie im Graefekiez, das Auto nutzt die Familie gelegentlich fiir Einkäufe und weitere Distanzen. Dinge erst einmal auszuprobieren, sei ein guter Ansatz. »Es ist falsch zu sagen: Klimaschutz und Verkehrswende müssen kommen, aber bitte nicht bei mir«, sagt Scheffler, Dass das auch mit Einschränkungen verbunden ist, stehe außer Frage. Problematisch sei für sie aber, dass das Parkverbot aller Voraussicht nach auch für ihre Kundschaft gelten wird, für Menschen, die gerade einen nahen Angehörigen verloren haben. »Die sind in einer emotionalen Ausnahmesituation, teilweise traumatisiert.« Viele ihrer Kunden kämen ohnehin zu Fuß, mit dem Fahrrad oder öffentlichen Verkehrsmitteln. Aber es gebe eben auch jene, die im geschützten Raum ihres eigenen Autos kommen wollen.

Die Idee des parkplatzfreien Kiezes reiht sich ein in diverse Maßnahmen zur Verkehrsberuhigung, Reduzierung von CO_2-Emissionen und Neuaufteilung des Straßenraums in besonders dicht besiedelten Teilen der 3,7-Millionen-Einwohner-Stadt. Der von den Grünen dominierte Bezirk Friedrichshain-Kreuzberg gibt sich dabei als Vorreiter. Sollte der BVV-Antrag beschlossen werden, was sehr wahrscheinlich ist, weil Grüne und SPD als Antragssteller die Mehrheit im Bezirk stellen, könnte der durch die wegfallenden Parkplätze entstehende Raum künftig für die Allgemeinheit genutzt werden.

Für die Dauer des Versuchs, der vom Wissenschaftszentrum Berlin begleitet werden soll, soll Anwohnern, die ihre Autos bislang vor der Haustür abgestellt haben, angeboten werden, für 30 Euro im Monat in einem nahe gelegenen Parkhaus zu parken. So solle auch verhindert werden, dass der ohnehin hohe Parkdruck in dem beliebten Szeneviertel sich einfach in die umliegenden

Straßen verlagere, sagt Annika Gerold, seit vergangenem Jahr grüne Verkehrsstadträtin für den Bezirk. »Die Idee ist, aufzuzeigen, wie öffentlicher Raum ohne Autos genutzt und erlebt werden kann«, sagt sie. Die begleitenden Wissenschaftler sollen betroffene Anwohner in allen Phasen über das Projekt informieren und in persönlichen Befragungen regelmäßig abfragen, wie sich die Zustimmung der Maßnahme gegenüber entwickelt. Über Verkehrszählungen soll überprüft werden, wie die wegfallenden Parkplätze das Verkehrsaufkommen im Kiez beeinflussen. In einer Befragung im vergangenen Sommer haben zwei Drittel der insgesamt rund 1200 Befragten sich für eine »weitreichende Zurückdrängung des Autoverkehrs aus dem eigenen Stadtteil« ausgesprochen.

Aber der Teufel steckt wie so oft im Detail. Wie viele Ausnahmen muss und wie wenige darf es geben? Wo zieht man die Grenze, wenn es das erklärte Ziel ist, die Anzahl der Autos in der Stadt zu reduzieren? Bei älteren Anwohnern, die nicht mehr so gut zu Fuß sind? Bei Eltern, die ihr Auto brauchen, um den Alltag mit Kindern und Job zu bewältigen? Bei der Krebspatientin, die ihr Auto nutzt, um zur Chemotherapie zu fahren, aber keinen Behindertenausweis vorweisen kann? Bei Trauernden, die sich auf dem Weg zur Bestatterin nicht in die überfüllte U-Bahn setzen wollen? Diese Fragen sind schwer zu klären.

Für Cornelia Dittrich ist das ganz normal. »Natürlich ist das eine Umstellung, wenn man immer gewohnt war, sein Auto direkt vor der Haustür abzustellen.« Diese über Jahrzehnte gewachsene Selbstverständlichkeit gelte es infrage zu stellen. »In Berlin gibt es viel mehr Menschen, die kein eigenes Auto besitzen als Menschen, die eines haben«, betont Dittrich. »Deshalb ist es extrem ungerecht, dass die Autobesitzenden den öffentlichen Raum für ihre privaten Autos in Anspruch nehmen.«

aus: Publik-Forum, kritisch - christlich - unabhängig, Oberursel, 10/2022

Es geht um weit mehr als Kaffee und Schokolade, wenn man sich die Frage nach fairem Handel mit den Ländern des globalen Südens stellt. Tee, Gewürze, Baumwolle, Rohrzucker – die Vielfalt tropischer Nutzpflanzen ist groß. Der Mangel an globaler Handelsgerechtigkeit ebenfalls. „Leider ist die Liste unfairer Lieferketten lang und hat viele Facetten," so Katrin Frank vom *Forum Fairer Handel* (FFH).

Faire Vielfalt

Das Machtgefälle zwischen Handel und Produzenten ist beträchtlich: Laut der Initiative Lieferkettengesetz kontrollieren nur vier große Unternehmen etwa 85 % des deutschen Lebensmittelmarktes – und diktieren die Preise. Extreme Formen nimmt das etwa bei Südfrüchten – allen voran Bananen – an. Wenn Supermärkte sich gegenseitig preislich unterbieten, leiden die Bananen-Produzenten im globalen Süden unter diesem Preisdumping. Bei vielen Produkten kommt nur ein extrem kleiner Teil des Endpreises bei den Produzenten an, beispielsweise nur etwa 5 bis10 Prozent bei den Kaffeebauern und gerade einmal 1 % bei den Arbeitskräften auf konventionellen Teeplantagen.

Das Problem: neben den Produktionskosten muss dieses Geld auch die Lebenshaltungskosten der Bäuerinnen und Arbeiter decken – oft ist daran nicht zu denken. Ganz zu schweigen von der Bildung von Rücklagen oder einer Schulbildung für die Kinder. Stattdessen ist Kinderarbeit weit verbreitet, beispielsweise im Kakaosektor, aber auch auf Teeplantagen.

Faire Alternativen

Im fairen Handel sollen die Produzenten besser gestellt und die Wertschöpfung gerechter entlang der Lieferkette verteilt werden. So kommt ein höherer Teil des Endpreises bei denen an, die die

Rohstoffe anbauen. Teil dieses Konzepts sind von den Schwankungen des Weltmarkts unabhängige Mindestpreise. „Die waren ursprünglich als unterste Linie gedacht, um sicherzustellen, dass Herstellungs- und Anbaukosten gedeckt sind", stellt Friedel Hütz-Adams vom Bonner Südwind-Institut jedoch klar. Um existenzsichernde Einkommen, die den Produzenten ein persönliches Auskommen sichern, sei es dabei nie gegangen.

Dennoch: Fairer Handel stärkt kleinbäuerliche Produzenten und ihre Verhandlungsposition am Weltmarkt, auch indem er den Zusammenschluss in Kooperativen fördert und mit Prämien Investitionen in die Zukunft erlaubt. Noch wichtiger wird dieser Aspekt angesichts des fortschreitenden Klimawandels. Denn gerade die Landwirtschaft im globalen Süden hat zunehmend mit Klimawandel-Folgen wie Trockenheit, Wetterkaprioien und steigenden Temperaturen zu kämpfen. Schätzungen zufolge wird beispielsweise der Kaffeeanbau wegen der Auswirkungen des Klimawan-

dels in etwa dreißig Jahren nur noch auf weniger als der Hälfte der heutigen Fläche möglich sein.

Viele Fair-Trade-Initiativen unterstützen daher Produzenten mit Schulungen in Sachen Wassermanagement und bei Investitionen in klimaresistente Sorten. Ob Kakao, Bananen oder Ananas – der Anbau vieler Nutzpflanzen leidet nicht nur unter dem fortschreitenden Klimawandel, sondern auch unter den Folgen schlechten Ressourcenmanagements und zerstörter Artenvielfalt.

Um Bananenstauden vor Schädlingen zu schützen, werden in den Monokulturen der Plantagen große Mengen an Pestiziden eingesetzt und fast ein Viertel der jährlich weltweit versprühten Menge an Insektiziden landet auf den nur knapp drei Prozent Fläche, auf der Baumwolle kultiviert wird. Dieser großzügige Einsatz von giftigen Pflanzenschutzmitteln schadet den Arbeitskräften auf den Plantagen und der lokalen Bevölkerung ebenso wie der Umwelt – unter anderem den für die Landwirtschaft wichtigen Bestäubern. Daher sind in Zukunft an vielen Stellen nachhaltigere Konzepte gefragt, um Lebensgrundlagen zu sichern.

Fair und bio

Viele Handelsorganisationen aus dem fairen Sektor berücksichtigen auch ökologische Kriterien und umgekehrt spielen im Bio-Bereich häufig soziale Aspekte eine Rolle. „Lebensmittel aus Anbaumethoden, die unserer Umwelt und Erde dauerhaft schaden, können uns Menschen nicht nutzen", sagt Holger Epp vom Naturkosthersteller Rapunzel, der in einem eigenen Siegel soziale und ökologische Kriterien vereint.

Deckungsgleich sind fair und bio jedoch nicht. „Manchmal muss man Kompromisse eingehen, weil noch nicht alles den Bio-Kriterien entspricht und einiges erst in Umstellung ist", so Christiane Lüst, die als Inhaberin des „Öko&Fair" in Gauting nur mit fairen Produkten handelt. Das kann auch Brigitte Frommeyer vom Handelsunternehmen GEPA bestätigen:

„Nicht alle Kleinbauerngenossenschaften, mit denen wir handeln, bringen von vornherein die Voraussetzungen für Bioanbau mit“, sagt sie. „Die Konsumentinnen und Konsumenten müssen aber auch bereit sein, einen höheren Preis für faire biologische Produkte zu zahlen“, so Katrin Frank.

Fair einkaufen

Ähnlich wie im Biobereich stehen Verbraucherinnen und Verbraucher auch im fairen Handel vor einer Vielzahl an Siegeln – mit externer Prüfung oder als Selbstverpflichtung großer Unternehmen zu mehr Fairness und Nachhaltigkeit. Und: „Das Bewusstsein für die Problematiken, die der faire Handel lösen möchte, ist bei manchen Produkten deutlich stärker ausgeprägt als bei anderen“, so Professor Boris Braun, Wirtschaftsgeograph an der Universität zu Köln. Kaffee und Schokolade erhalten am meisten Aufmerksamkeit – Gewürze, Zucker oder Palmöl werden hingegen oft vergessen.

Wer fair einkaufen möchte, muss sich also einerseits informieren – und andererseits bewusst dafür entscheiden, an der einen oder anderen Stelle mehr Geld auszugeben. „Dass die Nachfrage nach fairen Gewürzen gering ist, liegt sicher auch daran, dass die wenigsten Menschen sich leisten können, alle Lebensmittel bio und fair zu kaufen und deswegen Prioritäten setzen“, sagt Katrin Prank vom FFH. So landeten eben doch eher die fairen „Klassiker“ Kaffee und Schokolade im Einkaufskorb.

Eine jährliche Umfrage des FFH zeigt allerdings: Eine große Mehrheit der Befragten stimmt den politischen Forderungen der Fair-Handels-Bewegung, wie etwa die nach Maßnahmen gegen Dumpingpreise, zu. Anders als etwa in Spanien sind in Deutschland Preise, die nicht die Produktionskosten decken, nicht verboten. „Das führt dazu, dass für viele Unternehmen allein die Preise, Lieferzeiten und Qualitäten im Mittelpunkt stehen, nicht jedoch Menschenrechte und Biodiversität“, sagt Friedel Hütz-Adams.

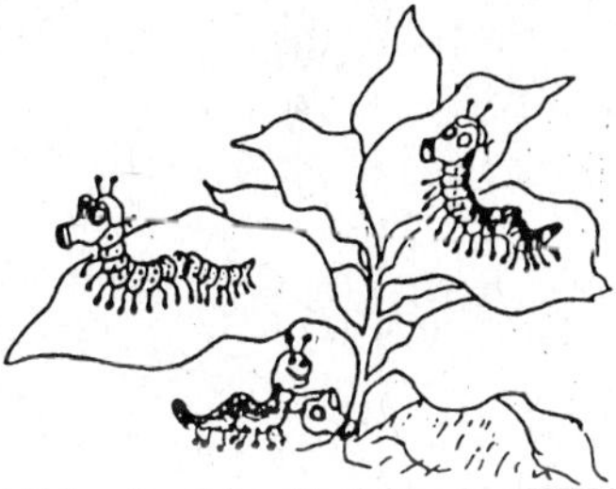

Faire Zukunft?

Obwohl der Umsatz mit fair gehandelten Produkten laut FFH bisher stetig anstieg, bleibt der Marktanteil selbst bei umsatzstarken fairen Handelsgütern – wie Kakao mit knapp einem Fünftel – vergleichsweise klein. „Der faire Handel hat es zwar aus dem Weltladen in den konventionellen Handel geschafft, ist aber immer noch eine Nische und wird das in den nächsten Jahren trotz Wachstums auch bleiben", sagt Boris Braun. Nach wie vor seien faire Produkte für die meisten eher etwas, dass man sich ab und an mal leiste, nicht aber wirklich konsequent kaufe.

„Wenn es die Politik ernst meint damit, Nachhaltigkeitsziele umzusetzen, muss sie faire und ökologische Produkte begünstigen", so Katrin Frank vom FFH, das sich gemeinsam mit Fairtrade Deutschland beispielsweise für die Abschaffung der Kaffeesteuer auf fair gehandelten Kaffee einsetzt. „Sowohl mit der

Besteuerung als auch über die öffentliche Beschaffung sitzt die Politik an großen Hebeln“, stimmt Boris Braun zu. Auch Friedel Hütz-Adams sieht alle Ebenen der Politik in der Pflicht, strikte gesetzliehe Rahmenbedingungen für gerechtere globale Lieferketten zu schaffen und Märkte nach ethischen Standards zu regulieren. „Wir müssen wegkommen von rein freiwilligen Labels und Standards.“ Aber, gibt Boris Braun zu bedenken: „Zu glauben, der Staat könne alles regeln, ist auch eine Fiktion.“ Stattdessen sei vielmehr eine Zusammenarbeit zwischen Politik, Wirtschaft und Zivilgesellschaft der richtige Ansatz.

Nicole Lamers, aus misso Magazin 4/2022, München

Das Geschäft von Hans-Dietrich Reckhaus ist die Insektenvernichtung. Doch nun baut er sein Unternehmen um – und versieht seine Produkte mit der Warnung »Tötet wertvolle Insekten«

Der Wert einer Fliege

Von Annette Lübbers

Hans-Dietrich Reckhaus aus Bielefeld vernichtet Insekten, genauer: Er ist Geschäftsführer eines Unternehmens, das seit 1956 Ungezieferspraуs, Fliegenfänger, Mottenpapier und Ameisensprays herstellt. Einerseits. Andererseits weiß er, dass Fliegen, Motten, Ameisen wichtig sind fürs ökologische Gleichgewicht. Es wäre also nur konsequent, wenn seine Firma dichtmachen würde.

Doch da ist die Verantwortung für seine Angestellten. Und was passiert, wenn er seine Marktanteile Konzernen wie Bayer überlässt? Die klären weder über ihre viel bedenklicheren Produkte auf, noch kompensieren sie, was sie vernichten, sagt Reckhaus. »Mit dieser Vorgehensweise würde ich kein einziges Insekt retten und ich würde zudem genau den Hebel verlieren, mit dem ich wirklich etwas verändern kann.«

Vor 30 Jahren übernahm Reckhaus das Unternehmen von seinem Vater, Betriebswirtschaft hatte er nur widerwillig studiert. Dass sein Unternehmen am Insektensterben mitwirkt, interessierte ihn lange nicht. Das änderte sich im Frühjahr 2012: Reckhaus wollte seinen neu entwickelten Fliegenfänger kunstvoll bewerben lassen. Inszenieren sollten das Frank und Patrik Riklin, zwei Konzeptkünstler aus der Schweiz. Die stellten dann eine Frage, die das Leben des Unternehmers veränderte: »Hans, hast du dir einmal überlegt, welchen Wert eine Fliege hat? Und sollte man Fliegen nicht besser retten, statt sie zu töten?« Der Unternehmer grübelte eine ganze Nacht lang. Es war ja richtig. Sein Unternehmen hatte Milliarden Insekten »auf dem Gewissen«, und bisher hatte er darüber nie nachgedacht. Das tat er jetzt – und zwar gründlich. Heraus kam: »Fliegen retten in Deppendorf«. – Eine damals in der Region viel belächelte Aktion, bei der die Bewohner des Örtchens tatsächlich Fliegen fingen. Genau 902 Stück, darunter Stubenfliege »Erika«, die heute in einer Vitrine in Reckhaus' Unternehmen ihre Ruhestatt gefunden hat. Mit dieser schrägen Aktion leitete Reckhaus die Transformation seines Unternehmens ein.

Akribisch hat er sich seitdem von Biologen ausrechnen lassen, wie viel Biomasse an getöteten Insekten mit seinen Produkten entsteht und wie er diese Menge mindestens kompensieren kann. Unter dem patentierten Namen »Insect Respect« bietet er Unternehmen an, Flächen und Dächer zu begrünen. Mit jedem Kauf eines Produktes mit diesem Siegel unterstützt der Kunde ein Insektenparadies. In Zusammenarbeit mit örtlichen Landschaftsgärtnern hat Reckhaus nach eigenen Angaben schon 12 000 Hektar begrünt. »Es könnten mehr sein«, sagt er. Auf den Vernichtungsmitteln, die er noch nach herkömmlicher Weise produzieren lässt, prangt der Aufkleber »Tötet wertvolle Insekten« fast wie auf einer Zigarettenschachtel. Seine umfangreichen Informationen passen auf kein herkömmliches Etikett. Reckhaus hat viel Geld für ausziehbare Etiketten investiert, auf denen auch steht, wie man Insekten schützen kann. Umsatzeinbußen sind gewollt. Gewinnverluste nimmt er in Kauf.

Auf seinem eigenen Firmendach hat Reckhaus ein 200 Quadratmeter großes Biotop angelegt mit Bodendeckern, Sträuchern, Steinhaufen und Totholz. Firmenparkplätze sollen zu Grünflächen werden und Landschaftsgärtner ausgebildet werden, um zukünftig Grünflächen nach den Kriterien des »Insect Respect« anzulegen. Drei Bücher über seinen Einsatz und die Wertigkeit von Insekten hat Reckhaus geschrieben, Hunderte von Interviews gegeben. »Insekten brauchen eine Lobby, und dafür stelle ich mein Gesicht

gerne zur Verfügung«, sagt er. Er hadere damit, dass die größten Teile der Wirtschaft – nicht nur in seinem Bereich – noch immer auf einem schrecklich falschen Weg seien. »Wir brauchen eine Transformation hin zu wirklich sinnhaften Geschäftsmodellen«, sagt er. Und fügt hinzu: »Wenn selbst unser Unternehmen es schafft, sich zu transformieren, dann gibt es für andere keine Ausrede, es nicht zu tun.«

Die Erderhitzung wird sich auch sozial gravierend auswirken. Der Soziologe Matthias Quent erklärt, dass sie eine rassistische Dimension hat, und analysiert, wie die extreme Rechte das Thema instrumentalisiert.

»Wir dürfen den Klimaschutz nicht von der Menschenwürde abkoppeln«

Publik-Forum: *Herr Quent, Sie sind als Rechtsextremismusforscher bekannt. Wie kommt es, dass Sie sich nun mit der Klimakrise beschäftigen?*
Matthias Quent: Klimafragen bekommen bei rechtsextremen Akteuren eine immer stärkere Bedeutung. Denn der Rechtsextremismus reagiert immer auf Konflikte in der Mitte der Gesellschaft. Ihn kennzeichnet, dass er globale Ungleichheiten verteidigt, Veränderungen und Aufklärung und moderne Wissenschaft ab— lehnt. All das hängt eng mit der Klimafrage zusammen.

Die AfD und andere extrem rechte Kräfte leugnen den menschengemachten Klimawandel. Wird der Kampf gegen Klimaschutzmaßnahmen das nächste große Agitationsthema der Rechten?
Quent: Tatsächlich ist er das bereits: Das haben wir schon während Corona gesehen, als behauptet wurde, der Corona-Lockdown sei nur die Generalprobe für einen »Klimalockdown« und die Ein führung einer sozialistischen »Ökodiktatur«. Das Klimathema bietet darüber hinaus viele Andockpunkte für soziale Fragen ebenso wie für Migration.

Wie meinen Sie das?
Quent: Viele Forschende und auch die Weltbank weisen darauf hin, dass in den kommenden Jahrzehnten mit Millionen soge-

nannter Klimaflüchtlinge zu rechnen ist. Schon heute müssen Menschen ihre Heimat wegen Extremwetterlagen verlassen. Wie der globale Norden damit umgeht, dass die überwiegend von ihm produzierten Emissionen vor allem im globalen Süden Lebenswelten und Lebensgrundlagen zerstören, ist eine zentrale Frage für Menschenrechte und für globale Migrationsbewegungen. Dass mit der Klimakatastrophe neue Migrationsbewegungen einhergehen werden, ist ein Angstszenario, das von Rechten gern instrumentalisiert wird. Ihre hegemoniale Antwort: »Weiter so mit der globalen Ausbeutung und mehr nationale Abschottung.«

Der globale Süden wird unter den Folgen der Klimakrise stärker leiden als der Norden – ist damit der »Klimarassismus« gemeint, von dem Sie sprechen?

Quent: Das ist der strukturell rassistische Aspekt: In der Fortdauer industrieller und kolonialistischer Lebensformen setzt sich eine globale Ungleichheit fort, in der Lebenschancen durch unsere Art zu wirtschaften und zu leben höchst ungleich verteilt sind. Das lässt sich auf die Formel bringen: Diejenigen, die am wenigsten für den Klimawandel verantwortlich sind, leiden am meisten darunter. Schwarze, Indigene und People of Color tragen weniger Verantwortung als Weiße und sind stärker betroffen. Reiche verursachen mehr Emissionen, während sich Ärmere schlechter schützen können. Die Rechten radikalisieren diese strukturellen Ungerechtigkeiten. Das gilt auch auf nationaler Ebene.

Inwiefern?

Quent: In Berlin etwa ist die Wärmebelastung in verdichteten Innenstadtgebieten, in denen viele Menschen aus Einwanderungsfamilien leben, besonders hoch. In vielen Städten ist die Luftqualität dort besonders schlecht, wo vor allem ärmere Menschen leben. Die können sich auch weniger gegen Extremwetter schützen und werden durch mögliche Zusatzkosten, etwa bei der Energieversorgung, besonders belastet. Schon heute leiden vor allem ältere Menschen unter den immer häufiger auftretenden Hitzetagen. In Deutschland wirkt die Debatte mitunter, als sei die Klimakrise vor allem ein technisches Problem für Ingenieure. Die massiven sozialen Aspekte der Erderhitzung werden häufig ausgeblendet.

Bei den Demonstrationen gegen die Corona-Schutzmaßnahmen hat sich die Szene der Corona-Leugner vermischt mit den Leugnern der Klimakrise. Was verbindet diese beiden Themen?

Quent: Es sind beides globale Problemlagen, die konkrete Auswirkungen auf die eigene Lebensführung haben. Diese werden als Einschränkungen individueller Freiheiten wahrgenommen und sind es ja auch. Das verbindende Narrativ ist das einer exklusiven Freiheit. Dabei geht es nicht nur um persönliche Freiheit, sondern um die, sich sozialer Verantwortung zu entziehen und auf Kosten anderer zu leben. Bei Corona, indem man auf Masken verzichtet, sich auch aus egoistisch-ideologischen Motiven nicht impfen lässt und sich nicht mit den Schwächeren solidarisiert. Strukturanalog in der Klimafrage: Wenn wir nicht stark betroffen sind, dann müssen wir uns auch nicht solidarisieren und nicht verändern.

Es gibt auch rechtsextreme Kräfte, die sich Umweltschutz auf ihre Fahnen schreiben, etwa die neurechte Zeitschrift „Die Kehre« oder die Partei Der Dritte Weg.

Quent: Die sogenannte Neue Rechte und der völkische Nationalismus bedienen alte, schon im Nationalsozialismus genutzte Motive des Umwelt- und Heimatschutzes, nach denen Blut und Boden untrennbar miteinander verbunden sind. In diesen ökofaschistischen Netzwerken leugnet man den Klimawandel nicht, sondern schiebt die Verantwortung beispielsweise einem vermeintlichen »Bevölkerungsüberschuss« im globalen Süden zu. Das geht bis hin zur Forderung der Vernichtung ganzer Bevöl-

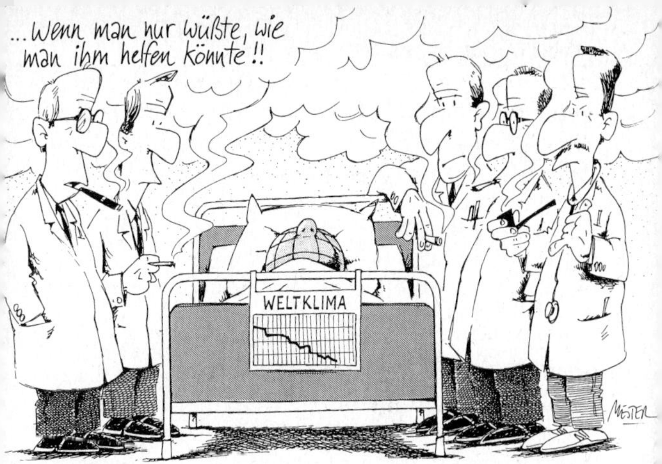

kerungsgruppen – angeblich, um das Klima zu retten. So ähnlich hat auch der Attentäter von Christchurch argumentiert, der 2019 in Neuseeland 52 Muslima und Muslime ermordete. Das ist eine zweite Dimension des Begriffs »Klimarassismus«: Es werden Sündenböcke konstruiert.

Ist an dem Argument, dass die Überbevölkerung ein Problem für Umwelt und Klima ist, nicht etwas Wahres dran?

Quent: Natürlich bringt Bevölkerungswachstum Herausforderungen mit sich, etwa für die Nahrungsmittelversorgung, die auch mit der Klimakrise zusammenhängen. Aber faktisch werden auf dem afrikanischen Kontinent weniger als vier Prozent der CO_2-Emissionen verursacht, ein viel größerer Teil dagegen im globalen Norden. Das zeigt: Nicht die Bevölkerungsentwicklung im globalen Süden ist das Problem für die Erderhitzung. Das Problem ist, dass ein relativ kleiner Teil der Weltbevölkerung vor allem im globalen Norden einen unverhältnismäßig großen Teil der Ressourcen und des noch zur Verfügung stehenden CO_2-Budgets verbraucht.

Mancher Rechtsextremist propagiert ein Leben auf dem Land im Einklang mit der Natur. Was ist dagegen einzuwenden?

Quent: Diese ökofaschistische Agitation fügt sich ein in andere kulturpessimistische, antimoderne Muster, die mit der Industrialisierung, der Urbanisierung, der Globalisierung den Niedergang der angeblich natürlichen Ungleichheit verbinden. Dahinter steckt auch der Versuch, von der schlichten Leugnung des Klimawandels wegzukommen, weil die Unterstützung dafür in der Bevölkerung relativ gering ist.

Ist die Tatsache, dass sich auch Rechte für Umweltschutz einsetzen – wenn auch nationalistisch aufgeladen –, nicht eine Chance für die Akzeptanz der notwendigen Klimaschutzmaßnalmen?

Quent: Nein, denn die Rechte verschleiert die echten Ursachen und Verantwortlichkeiten. Die äußerste Rechte unterscheidet geschickt zwischen regionaler Umwelt und globalem Klima: Sie tritt dafür ein, die Natur hier bei uns zu schützen, etwa den deutschen Wald zu erhalten – und nicht durch Windräder zu »verschandeln«.

Dieser »Heimatschutz« ist gerade kein wirksamer Klimaschutz, denn er ignoriert die systemischen Ursachen im globalen Maßstab. Einzelne aus dem rechten Spektrum mögen sich für die Renaturierung heimischer Moore oder die Aufforstung heimischer Wälder einsetzen; doch nicht aus einer menschheitsorientierten Überzeugung heraus, sondern das geht einher mit rassistischen, nationalistischen und oft antisemitischen Ideen sowie mit dem taktischen Kalkül, bestehende Ungleichheiten nicht infrage zu stellen, sondern zu stabilisieren.

Kann es dem Klima nicht egal sein, aus welchen Motiven heraus es geschützt wird?

Quent: Naturwissenschaftlich gesehen zählt nur die Reduktion der Treibhausgasemissionen. Aber die rechte Erzählung, dass ein bisschen mehr deutscher Wald oder der Rückzug einiger völkischer Familien in einen antimodernen Lebensstil das Klima retten könnten, dient der Verschleierung der systemischen Ursachen. Wenn radikale Rechte ein paar Bäume pflanzen, um Sympathien zu wecken, dient das zur Normalisierung menschenverachtender Ideologien. Wir sehen in vielen Ländern, dass die Klimabilanzen rechter Regime – Bolsonaro, Trump, Putin – katastrophal sind. Wir dürfen Klimaschutz nicht von der Menschenwürde und von Gerechtigkeit abkoppeln: Der Schutz des Klimas soll die Chance auf ein gelingendes Leben für alle Menschen ermöglichen. Die Überhöhung von Nationen oder Kulturen bis hin zu genozidalen Vernichtungsfantasien dient nicht dem Schutz des globalen Klimas, sondern missbraucht vorgeblichen Klimaschutz für eine reaktionär-faschistische Agenda.

Matthias Quent ist Professor für Soziologie an der Hochschule Magdeburg-Stendal. Er forscht unter anderem zu Rechtsradikalismus, Förderung der Demokratie und zu gesellschaftspolitischen Fragen der ökologischen Transformation. Sein neues Buch »Klimarassismus. Der Kampf der Rechten gegen die ökologische Wende« (mit Christoph Richter und Axel Salheiser) erscheint im September im Piper-Verlag.
Interview: Ulrike Schnellbach
aus: Publik-Forum, kritisch - christlich - unabhängig, Oberursel, 15/2022

In den USA läuft ein gewagtes Experiment: Ein Biotech-Konzern lässt gentechnisch veränderte Mücken frei, die sich mit wilden Insekten paaren sollen. Die Versprechungen sind groß – aber auch die Widerstände vor Ort

Die Gen-Mücken kommen

Von Steve Przybilla

Wenn Bryon Elliot auf Mückenjagd geht, lässt er die Chemikalien erst mal im Auto. Stattdessen greift der Schädlingsbekämpfer zu einem Kescher und einem Eimer, in dem Silberkärpflinge schwimmen. Behutsam setzt er die Fische in einem Regenüberlaufbecken aus. »Die sind sehr nützlich«, sagt Elliot, »denn sie fressen Mückenlarven für ihr Leben gern.«

Es ist Mittagszeit auf den Florida Keys, einer Inselgruppe am südlichsten Zipfel der USA. Selbst im Winter klettern die Temperaturen hier regelmäßig über 25 Grad. Die Luft ist warm und feucht im Urlaubsparadies, in dem Kokospalmen und Mangroven gedeihen, aber auch Insekten, die Krankheiten übertragen. Jeden Tag streift sich Bryon Elliot deshalb seinen weißen Pullover mit der Aufschrift »Mosquito Control« über, um nach Brutstätten der Plagegeister zu fahnden.

Mücken sind in Florida seit jeher ein Problem. Doch je näher die Menschen an die natürlichen Sumpflandschaften heranrücken, desto akuter wird die Gefahr: Die Gelbfiebermücke Aedes aegypti, eine invasive Spezies aus den Tropen, breitet sich aus. In den vergangenen Jahren kam es ihretwegen mehrfach zu Denguefieber- und Zikavirusausbrüchen auf den Keys. Um das Problem zu lösen, haben sich die Behörden vor Ort auf ein gewagtes Experiment eingelassen: gentechnisch veränderte Mücken. Es ist der erste derartige Großversuch in den Vereinigten Staaten.

»In diesem Kampf brauchen wir jedes Werkzeug, das wir kriegen können«, sagt Andrea Leal, Direktorin des Florida Keys Mosquito Control District (FKMCD). Die staatliche Behörde ist für die Bekämpfung der Schädlinge zuständig. Allein auf der Inselgruppe arbeiten 70 Angestellte für das FKMCD. Sie gehen von Haus zu Haus, suchen nach Larven oder setzen Fische aus, so wie Bryon Elliot. Zusätzlich werden aus Helikoptern und Flugzeugen tagtäglich Chemikalien versprüht. Das Ganze hat etwas von einer militärischen Operation, doch die »Krieger« sind zunehmend in der Defensive: »Viele Mücken werden gegen die Insektizide resistent«, sagt Andrea Leal. »Deshalb sind wir dankbar für jedes neue Mittel in unserem Arsenal.«

ZEICHNUNG: LIEBERMANN

Das neueste Mittel ist ebenfalls eine Mücke. Die Aedes aegypti des britischen Biotechnologiekonzerns Oxitec tragen zwei veränderte Gene in sich. Das Versprechen der Firma: Paaren sich die gentechnisch veränderten Männchen mit freilebenden Weibchen, schlüpfen hinterher nur Männchen, die nicht stechen können. Auch diese geben ihr verändertes Erbgut weiter. So findet eine Art Geburtenkontrolle statt: Da nur männliche Mücken überleben, soll die Population schrittweise zurückgehen.

Kein Raum für Fehler

Im April 2021 stellte Oxitec auf den Inseln verteilt mehrere Boxen auf, in denen sich die gentechnisch veränderten Larven entwickelten. »Insgesamt wurden weniger als fünf Millionen Mücken freigelassen«, erklärt Behördenleiterin Leal. »Wir hätten sogar eine Genehmigung für bis zu 750 Millionen gehabt.« In einer nächsten Phase soll untersucht werden, ob sich die Gen-Mücken tatsächlich paaren. Dafür werden Fallen aufgestellt und die gefangenen Insekten gezählt. Um die Labor-Mücken identifizieren zu können, hat Oxitec ein weiteres Gen verändert: Werden sie mit einem bestimmten Licht angestrahlt, leuchten sie im Dunkeln. Laut Oxitec geht keinerlei Gefahr von ihnen aus.

Doch viele Anwohner sind sich da nicht so sicher. Neben dem Overseas Highway, der Hauptverkehrsstraße der Florida Keys, hängt ein Plakat, das lokale Umweltverbände aufgestellt haben. Es zeigt eine riesige Mücke, die einer Frau ins Auge sticht. Bildunterschrift: »Gen-Mücken? Was kann da schon schief gehen?« Das Motiv ist reißerisch, fasst aber die Sorgen der Projektgegner zusammen. »Bei solchen Experimenten gibt es keinen Raum für Fehler«, sagt Ed Russo, der Präsident des Umweltverbands Florida Keys Environmental Coalition. Wer wisse schon, wie sich die Gen-Mücken in der Nahrungskette auswirken?

Seit Jahren kämpfen Russo und sein Team gegen das Experiment, das sie für intransparent und gefährlich halten. »Ich habe nicht generell etwas gegen Gentechnik«, sagt Russo. »Am Anfang war ich sogar richtig begeistert. Wir dachten, dass nun keine Chemikalien mehr eingesetzt werden müssen.« Aber das habe sich als Trugschluss herausgestellt – immerhin machten die Aedes aegypti nur vier Prozent aller Mücken auf den Keys aus. Gegen alle anderen Arten müssten weiterhin Insektizide versprüht werden, bestätigt auch FKMCD. Auch sei es noch völlig unklar, ob der Einsatz der Gen-Mücken überhaupt wirke.

Mara Daly, Inhaberin eines Friseursalons in Key Largo, sieht sich als Versuchskaninchen. »Diese Firma hat Millionen investiert, um die Bevölkerung einzulullen«, kritisiert sie. In den vergangenen Jahren gingen Mitarbeitende von Oxitec von Tür zu Tür, um für das Projekt zu werben – oder sachlich darüber zu informieren, wie die Firma beteuert. Die Kampagne hatte Erfolg:

Sowohl die US-amerikanische Umweltbehörde EPA als auch das FKMCD stimmten am Ende zu.

Gegner des Projekts argumentieren jedoch, dass die vermeintliche Zustimmung nur durch juristische Winkelzüge zustande kam. In der Stadt Key Haven – dem Ort, an dem die Mücken zuerst ausgesetzt werden sollten – stimmten 2016 bei einem Referendum zwei Drittel der Wählerinnen und Wähler gegen das Projekt. Gewertet wurde aber am Ende die Abstimmung im gesamten Landkreis. Dort votierten 58 Prozent für das Projekt. „Die Wähler (...) haben klar gesprochen«, erklärte Oxitec hinterher.

Aktivistin Mara Daly zweifelt an der bisherigen Bilanz des Konzerns: »Angeblich hat diese Technologie schon in Brasilien brillant funktioniert. Aber möchte man konkrete Daten sehen, halten sie die mit Verweis auf das Geschäftsgeheimnis unter Verschluss.« Behördenchefin Andrea Leal bestätigt, dass sie für die Florida Keys ebenfalls nicht alle Daten kennt. Sie sieht das aber nicht als Problem an – die Biotechnologiebranche stehe eben im starken Wettbewerb.

In der Vergangenheit gab es schon oft Heilsversprechen, wenn es um die Bekämpfung von Schädlingen ging. Oft hatten sie unerwartete Nebenwirkungen. Auf Hawaii wurden Ende des 19. Jahrhunderts Mungos ausgesetzt, um Ratten auszurotten. Da Mungos, anders als Ratten, aber tagaktiv sind, vermehrten sich beide Arten – und gelten bis heute als Plage. In den 1940er-Jahren wurde das Insektizid DDT als Wundermittel gepriesen. Erst deutlich später stellte sich heraus, dass es krebserregend und schwer abbaubar ist. Noch heute kann man es in Bodenproben in den USA nachweisen. Nicht zu vergessen: die aktuelle Debatte um das Düngemittel Glyphosat, das im Verdacht steht, Bienen zu töten.

Die Befürworter der Gen-Mücken finden solche Vergleiche unangemessen. »Heute ist die Wissenschaft viel weiter«, sagt Doug Mader, der als Tierarzt auf den Keys arbeitet. Mader wirbt seit

Ich glaube, ich habe den genetischen Code von Gott entdeckt!
Meinen Sie, wir könnten ihn klonen?

Langem für das Projekt – »ohne einen Cent von Oxitec zu bekommen«, wie er betont. Die aktuell eingesetzten Chemikalien töteten Schmetterlinge und andere nützliche Insekten. Deshalb unterstütze er Alternativen.

Die Aktionen der Gegner findet er unsachlich, besonders das Plakat am Overseas Highway. »Mücken stechen nicht in menschliche Augen«, sagt Mader. »Da werden bewusst Ängste geschürt.« Er selbst habe alle Studien zu den Gen-Mücken gelesen und keine Probleme entdeckt. Ähnlich argumentiert auch Oxitec. Im Rahmen der Zulassung habe man die Insekten sogar an Fische verfüttert, um ihre Wirkung auf die Nahrungskette zu überprüfen.

Einsatz in Europa?

Die erste Phase des Projekts ist auf den Florida Keys vorbei, Oxitec hat die Brutboxen, aus denen die Gen-Mücken schlüpfen, wieder eingesammelt. Nun widmet sich das Unternehmen dem nächsten Ziel: der Anwendung im großen Stil. Erst Anfang März erteilte die EPA dem Unternehmen die Genehmigung, bis 2024 weitere 2,4 Milliarden seiner gentechnisch veränderten Stechmücken freizulassen, wieder in Florida, außerdem im kalifornischen Central Valley.

Verlaufen die Experimente erfolgreich, könnten die Gen-Mücken auch in weiteren Bundesstaaten zugelassen werden. Auf lange Sicht ist sogar ein Einsatz in Europa denkbar, angepasst etwa auf die Asiatische Tigermücke, die sich hierzulande verbreitet. Dass Oxitec den aktuellen Versuch als Auftakt zu etwas Größerem betrachtet, zeigt sein Geschäftsgebaren: Für den Einsatz in Florida stellt das Unternehmen keinen Cent in Rechnung. Das große Geld will man erst später machen – in den USA und auf der ganzen Welt.

Steve Przybilla ist freier Journalist mit Schwerpunkt USA.
aus: Publik-Forum, kritisch - christlich - unabhängig, Oberursel, Ausgabe 11/22

Menschen im globalen Süden haben das Recht, mehr Fleisch zu konsumieren. Wie kann der „lange Schatten“ der Tierhaltung im Zug einer Intensivierung oder der beschworenen „Revolution“ minimiert werden?

Fleischkonsum

Fleischkonsum wächst in Entwicklungsländern:
mehr Nutzen als Schaden?

Im globalen Norden essen die Menschen so viel Fleisch, dass sie darunter leiden. Im Schnitt essen Europäer 75 Kilogramm Fleisch pro Jahr, Nordamerikaner 120 Kilogramm. Die Folge sind Fettleibigkeit, Zivilisationskrankheiten und verfrühter Tod. Neben den Menschen leidet die Umwelt, die Tierhaltung verursacht 15 Prozent aller Treibhausgase. Die EAT-Lancet-Kommission empfiehlt deswegen eine drastische Reduzierung des Fleischkonsums in den Industrieländern, um menschliche und planetare Gesundheit zu schützen.

Aber was ist die Lösung für den globalen Süden, etwa Afrika, wo bislang kaum Fleisch gegessen wird und tierische Produkte zum Kampf gegen Mangelernährung beitragen könnten.

Noch ist Afrikas Anteil am globalen Fleischkonsum gering. Im Schnitt essen Afrikaner zehn Kilogramm Fleisch pro Jahr. Für die meisten ist Fleisch unerschwinglich, die Einkommen sind dafür zu niedrig, das Fleisch zu teuer. Aber der Wohlstand steigt, und der Fleischkonsum nimmt zu. Urbane Eliten essen so viel Fleisch wie Menschen in den Industrieländern. Zudem wächst Afrika: Bis 2050 wird sich die Bevölkerung auf zwei Milliarden Menschen verdoppeln. Aufgrund des Wachstums von Wohlstand und Bevöl-

kerung schätzt die Welternährungsorganisation (FAO), dass der Konsum von Fleisch, Milch und Eiern in Afrika bis 2050 um 129 Prozent steigen wird.

Kleine Mengen mit großen Effekten

Für die Gesundheit von vielen Afrikanern ist das eine gute Entwicklung. Tierische Produkte liefern hochwertige Proteine, Mikronährstoffe wie Vitamin A und B12, sowie Eisen und Zink und bioaktive Wachstumsfaktoren. Diese Nährstoffe fehlen vielen Menschen, vor allem Schwangeren, Stillenden und Kleinkindern. Das kann die körperliche und geistige Entwicklung von Kindern irreversibel schädigen. Kritisch ist die Aufnahme von ausreichend Mikronährstoffen vor allem während des „1000 Tage-Fensters" von Empfängnis bis zweiten Geburtstag. In Ländern, in denen der Mikronährstoffmangel (auch: verborgener Hunger) verbreitet ist, können tierische Produkte selbst in kleinen Mengen große positive Effekte haben. Eine Studie in Bangladesch, Nepal, Uganda findet, dass tierische Produkte, etwa in der Form von einer Tasse Milch und einem Ei am Tag, Wachstumsverzögerung um 10-16 Prozent verringern können.

Viele wichtige Nährstoffe sind zwar auch in pflanzlichen Produkten enthalten, aber tierische Produkte liefern diese in einer höheren Dichte. Für die Ernährung von Kleinkindern, die wegen ihrer kleinen Mägen nur geringe Mengen Essen aufnehmen können, ist das ein Vorteil. Zudem sind pflanzliche Alternativen oftmals nicht zugänglich, es gibt keine Supermärkte mit Regalen voller Produkte aus der ganzen Welt und die Nahrungsmittelverfügbarkeit schwankt saisonal stark.

Verfechter von Tierhaltung verweisen auch auf deren Potenzial für die Armutsbekämpfung und wirtschaftliche Entwicklung. Wenn die Nachfrage an tierischen Produkten in den Städten steigt, bietet das neue Marktmöglichkeiten für Bauern im Hinterland. In

Ostafrika beschreiben manche Milch als „weißes Gold". Tiere liefern außerdem Dung für bessere Bodenfruchtbarkeit und Biogas zum Kochen, Beiprodukte wie Leder und sie eignen sich zum Kapitalaufbau.

Im Schnitt stammen 40 Prozent des landwirtschaftlichen Bruttoinlandsprodukts in Afrika aus der Tierhaltung, ein großer Wirtschaftszweig. Eine Studie in sieben Ländern zeigte, dass zwei Drittel der Haushalte Tiere halten und damit bis zu 20 Prozent ihres Haushaltseinkommens generieren. In Kenia schafft der Tiersektor Arbeit für 13,5 Prozent der Beschäftigten. Wegen der Potenziale für sowohl Ernährung als auch Entwicklung fördern viele Projekte gezielt die Tierhaltung. Die deutsche Gesellschaft für Internationale Zusammenarbeit (GIZ) unterstützt z.B. mit ihren „Grünen Innovationszentren" die Milchwirtschaft in Kenia, Sambia und Tunesien – in Benin und Kamerun die Geflügelwirtschaft.

Es gibt also eine ganze Reihe von guten Gründen, sich über die steigende Nachfrage nach Fleisch im Globalen Süden zu freuen, gäbe es da nicht auch einige gravierende Nachteile, vor allem für die Umwelt. In einer berühmten Studie bezeichnet die FAO diese Effekte als den „langen Schatten" der Tierhaltung.

Langer Schatten

Ein großes Problem sind die Klimaeffekte der Tierhaltung. Ein Gramm Protein aus Rindfleisch verursacht im Schnitt 15 Mal soviel CO_2-Äquivalente wie ein Gramm Protein aus Tofu – Hühnchen verursacht zweimal soviel. Der hohe Wert von Rindfleisch liegt an dem Methan, das Wiederkäuer ausstoßen, ein Klimagas mit einem 84 Mal höheren Treibhausgaspotenzial als CO_2 (gerechnet auf 20 Jahre). Außerdem benötigt man viel Land für den Futtermittelanbau. Um ein Gramm Protein aus Rinderhaltung zu produzieren, braucht man 1,6 Quadratmeter Land, für Tofu 0,02 Quadratmeter. Weltweit wird bereits auf 40 Prozent aller Ackerflä-

chen Futter angebaut. In Südamerika werden 71 Prozent der gerodeten Regenwaldflächen für Rinderherden verwendet und 14 Prozent für Ackerland, zumeist für den Anbau von Soja für Tierfutter.

Eine Ausweitung der globalen Ackerfläche, um genügend Futtermittel für die rasant wachsende Tierwirtschaft zu produzieren – etwa durch den Umbruch der afrikanischen Savanne – würde gigantische Mengen an Kohlenstoff freisetzen, der in den Böden gespeichert ist, und wäre fatal für die Biodiversität.

Eine Alternative ist prinzipiell zwar die intensivere, nachhaltigere Nutzung von Grasländern, die nur durch wiederkäuende

Tiere wie Kühe und Ziegen für Menschen nutzbar gemacht werden können. Weltweit gibt es dreimal mehr Weideland als Ackerland und gut bewirtschaftetes Weideland bindet Kohlenstoff. Das gleicht den Methanausstoß von Wiederkäuern aus.

Durch die sich rasant verschärfende Klimakrise ist die Zukunft von Grasländern aber ungewiss, gerade in Afrika. Schon heute kommt es immer öfter zu tödlichen Dürren, wie gerade am Horn von Afrika. In der Sahel-Zone, einem gigantischen Streifen Land, der sich zwischen Sahara und Savanne von Mauretanien über Nigeria bis in den Sudan erstreckt, werden Viehhirten von sich ausbreitenden Wüsten aus dem Norden und sich ausbreitenden Ackerflächen aus dem Süden zerrieben. Immer öfter kommt es zu tödlichen Konflikten.

Es gibt also gute Gründe zu schlussfolgern, dass Menschen in Entwicklungsländern das Recht haben, etwas mehr Fleisch zu konsumieren (und Menschen im globalen Norden die Pflicht, ihren Konsum zu reduzieren, um das zu ermöglichen). Aber gleichzeitig sollte auch klar sein, dass alles getan werden muss, um den „langen Schatten" von Tierhaltung möglichst gering zu halten. Dafür gibt es eine Reihe von Stellschrauben: auf Nachfrageseite durch einen optimierten Konsum und auf Angebotsseite durch eine nachhaltigere Produktion.

Um den „langen Schatten" von Fleisch zu reduzieren, ohne vollständig auf tierische Produkte zu verzichten, könnte man den Konsum von besonders umweltschädlichen Tierprodukten zurückschrauben. Der von der EAT-Lancet-Studie entwickelte globale Speiseplan, der sowohl gesund als auch nachhaltig ist, empfiehlt für Afrika einen höheren Konsum von Geflügel, Milchprodukten, Eiern und Fisch – nicht aber von rotem Fleisch von Schweinen und Rindern. Um das zu erreichen, könnten Regierungen und Entwicklungsprojekte die Geflügel- und Milchwirtschaft fördern, nicht aber die Haltung von Rindern für Fleisch. Eine Ausnahme wären Länder mit Grassavannen, deren extensive Nutzung die Lebensgrundlage für Pastoralisten ist.

Nachhaltiger Speiseplan

Auf Nachfrageseite muss das Credo lauten: so viel tierische Produkte wie nötig, aber so wenig wie möglich. Ziel wäre ein Speiseplan basierend auf Pflanzen, Hülsenfrüchten, Nüssen, daneben auch Milch und Eier, aber kaum Fleisch. Milch und Eier liefern wichtige Nährstoffe, verursachen aber weniger negative Umwelteffekte als Fleisch. Und Milchkühe und Hühner kann man später auch schlachten. Milch hat einen weiteren Vorteil: Außerhalb von pastoralen Gesellschaften gilt Milch in vielen Gegenden als notwendiges Nahrungsmittel für Kinder, genau die Gruppe, für die ausreichend Nährstoffe besonders wichtig sind.

Intensivierung – aber richtig

Neben der Konsumseite gibt es auch auf der Produktionsseite verschiedene Möglichkeiten, um den „langen Schatten" der Viehhaltung zu reduzieren. Ein wichtiges Stichwort ist nachhaltige Intensivierung. In Afrika sind die Treibhausgasemissionen und auch die Landnutzung je Produkteinheit, etwa pro Kilogramm Fleisch oder Protein, sehr hoch, da die Erträge gering sind. Eine deutsche Kuh produziert im Schnitt fast 8000 Kilogramm Milch pro Jahr, ghanaische Kühe produzieren 135 Kilogramm Milch, müssen aber genauso gefüttert werden. Eine deutsche Legehenne produziert fast zehn Mal so viel Kilogramm Eier pro Jahr wie ein Huhn in Ghana (21 kg versus 2,6 kg). Durch die höheren Erträge reduzieren sich fast automatisch die Umwelteffekte je Produkteinheit. Allerdings sollte man sich nicht allein auf die Produktivität konzentrieren, sondern auch andere Dimensionen von Nachhaltigkeit berücksichtigen, denn die industrielle Tierhaltung kann auch zu massiven lokalen Umweltschäden führen, etwa durch Nitratbelastung, und das Tierwohl beinträchtigen.

Eine Stellschraube, um Erträge zu steigern, ist die Verbesserung der Fütterung. In vielen Farmsystemen könnte man mit besserer Fütterung sowohl Erträge steigern – und somit den Ausstoß von Klimagasen je Produkteinheit und den Flächenverbrauch reduzieren – als auch das Tierwohl verbessern. Vor allem bei den Wiederkäuern gibt es Potenziale: Viele Tiere bekommen lediglich Pflanzenreste, und in Dürreperioden wird Futter oftmals gänzlich knapp. Der gezielte Anbau und die Konservierung von ertragreichen und relativ trockenresistenten Gräsern wie Napiergras, aber auch von Futtersträuchern und -bäumen, könnte helfen, um ganzjährig genügend gutes Futter sicherzustellen und gleichzeitig Umwelteffekte zu reduzieren. Optimierte Futterrationen und die Zugabe von Kraftfutter entsprechend den Bedürfnissen der Kühe während des gesamten Laktationszyklus kann einen großen

Unterschied machen. Smartphone-Anwendungen können Bauern helfen, basierend auf lokal verfügbaren Futtermitteln den optimalen Mix aus Energie, Eiweiß und Mineralstoffen zu errechnen.

Im Falle von Wiederkäuern kann eine optimierte Fütterung auch die Verdauung verbessern und somit den Methanausstoß reduzieren. Forschungsprojekte zielen darauf ab, die Bakterien in den Tiermägen zu ändern, die den Methanausstoß verursachen – etwa durch einen Austausch des Mikrobioms oder Probiotika-ähnliche Impfungen, aber das ist weitestgehend Zukunftsmusik. Auch mittels Züchtung könnte man in Zukunft vielleicht den Methanausstoß von Wiederkäuern reduzieren.

Potenzial Züchtung

Etwas langfristiger gedacht, können Tiere gezüchtet werden, die höhere Erträge liefern, Futtermittel effizienter umsetzen und weniger anfällig für Stressfaktoren sind. Viele Landwirte in Afrika nutzen vor allem lokale Rassen, die zwar gut an harsche Bedingungen angepasst sind, aber geringe Erträge liefern. Solche Landrassen könnte man durch stetige Selektion verbessern, dafür braucht es Investitionen in die Forschung. Eine Option wären auch geschickte Kreuzungen zwischen exotischen Rassen aus dem Ausland, die dank jahrzehntelanger Züchtungsfortschritte leistungsfähiger, bislang aber unter (sub)tropischen Bedingungen sehr stressanfällig sind, und lokalen Landrassen. Für höhere Produktivität und Tierwohl braucht es auch gute Institutionen: funktionierende Veterinärwesen, Schulungen von Landwirten, etwa zu Fruchtbarkeitsmanagement, Tierhygiene und dem Management von Dung, auch dies eine große Quelle von Methan.

Nur so kann es gelingen, menschliche und planetare Gesundheit gleichermaßen sicherzustellen.

Dr. Thomas Daum, Universität Hohenheim, Institut für Tropische Agrarwissenschaften
aus „Welternährung“, Magazin der Welthungerhilfe

Wo bleibt die Verkehrswende?

Jetzt, Ende August, endet der Sommer des 9-Euro-Tickets. Sein Hauptziel war, Autofahrer zum Umstieg auf den Öffentlichen Verkehr zu bewegen, um das Klima zu schützen.

Hat das 9-Euro-Ticket die Verkehrswende vorangebracht und damit die Energiewende? Klar ist, dass es keine Energiewende geben kann ohne Verkehrswende. Mehr als 25 % der Treibhausgase entstehen hierzulande über die Mobilität. Im sozialen Bereich hat das 9-Euro-Ticket sein Ziel wohl erreicht. Viele Menschen, hauptsächlich sozial Schwächere, konnten billiger reisen.

Doch was ist mit dem Klima, wenn sich noch mehr Menschen auf den Weg machen? Wer in den letzten Monaten mit der Bahn unterwegs war, weiß, dass die Züge im Juni, Juli und August vol-

„Ich kaufe immer in der Hauptverkehrszeit ein, da kommt man wenigstens gut über die Straße."

ler waren als zuvor, aber auch noch mehr Verspätung hatten als sonst oder oft ganz ausfielen. Einmal hatte mein ICE 4,5 Stunden Verspätung.

So stelle ich mir eine intelligente, zukunftsweisende Verkehrswende nicht vor. Also den öffentlichen Verkehr rasch ausbauen? Schön wär´s.

Die wichtige Rheintal-Strecke, die ich oft nutze, Hauptverkehrsachse zwischen der Nordsee und der Schweiz, wird seit 30 Jahren ausgebaut. Aber noch heute gibt es Teilstrecken, die sich ICEs, Regionalverkehr und Güterzüge teilen müssen. Und keine Besserung in absehbarer Zeit in Sicht. Deshalb war und ist die Verkehrswende das Stiefkind der Energiewende. Dafür gibt es politische und parteipolitische Gründe.

Autominister

Die drei letzten Verkehrsminister stellte die CSU. Sie waren in Wirklichkeit Autominister. Den derzeitigen Verkehrsminister stellt die FDP. Deren Vorsitzender ist ein Porsche-Fahrer und Porsche-Unterstützer – wie man weiß. Also sind die Freien Demokraten noch immer der Meinung „Freie Fahrt für freie Bürger“. Klimazerstörung oder Verkehrstote müssen halt leider in Kauf genommen werden.

Immerhin hatte die letzte Große Koalition dafür gesorgt, dass die drei großen Bereiche der Energiewende, Bauen, Verkehr und Energiewirtschaft, eigens definierte Energie-Einsparziele, erreichen müssen. Verfehlt eines der zuständigen Ministerien sein Ziel, muss es ein Klimaschutz-Sofortprogramm vorlegen, um die Ziele wenigstens im Nachhinein zu erreichen.

Sorgenkind der Energiewende ist der Verkehr

Seit Jahrzehnten ist der Verkehr das große Sorgenkind bei der Energiewende. Während im Strombereich 2022 immerhin die Hälfte schon erneuerbar gewonnen wird und damit Millionen Tonnen CO_2 eingespart werden, sind im Verkehrsbereich die Treibhausgase seit 1990 sogar leicht gestiegen.

Soeben hat der Expertenrat für Klimafragen dem FDP-Verkehrsminister Volker Wissing ein ganz schlechtes Zeugnis für seine Zukunftsziele ausgestellt, eine glatte Sechs. Nach den Plänen der Bundesregierung soll der Verkehr bis 2030 48 Prozent CO_2 einsparen. Doch dafür reichen aber die Pläne des Verkehrsministers bei weitem nicht.

Allein seine Aussagen der letzten Wochen nach einer Aufzählung des SPIEGEL:

- Nein zum Tempolimit
- Nein zum vollständigen und schnellen Aus für Verbrenner auf EU-Ebene
- Nein zu Abschaffung oder Reform des Dienstwagenprivilegs
- Nein zur Verlängerung des 9-Euro-Tickets

Ein Armutszeugnis für die FDP. Mit dieser Politik wird Deutschland seine Klimaschutzziele niemals erreichen. Für die Fridays for Future-Bewegung kommentiert Luisa Neubauer die Lage so: „Wir sprechen nicht mehr von schlechtem Klimaschutz. Wir sprechen von Arbeitsverweigerung."

In der Tat: Der stärkste aller Instinkte, der Selbsterhaltungstrieb, scheint nicht mehr zu funktionieren. Denn die Energiewende ist die Überlebensfrage der Menschheit.

Dezember 2022

339. bis 345. Tag

Wichtig in dieser Woche

08:13 16:14

Montag

5

Dienstag

6

Mittwoch

7

Neben dem Sonnensymbol sind die Zeiten angegeben, zu denen in Kassel (9,5° östl. Länge, 51,3° nördl. Breite) die Sonne auf- und untergeht. In Abhängigkeit von der geogra-

49. Woche

Dezember 2022

Donnerstag

○ **8**

Freitag

9

Samstag

10

Sonntag

11

3. Advent

phischen Lage ergeben sich Abweichungen: Je Längengrad sind 4 Minuten in östlicher
Richtung abzuziehen, in westlicher Richtung zu addieren. Bei Orten mit anderer geogra-

Dezember 2022

346. bis 352. Tag

Wichtig in dieser Woche

08:20 16:14

Montag
12

Dienstag
13

Mittwoch
14

phischer Breite sind die Verhältnisse jahreszeitabhängig: In nördlicher Richtung sind die Tage im Sommer länger und im Winter kürzer als in Kassel, in südlicher Richtung ist es

Donnerstag
15

Freitag
◑ **16**

Samstag
17

Sonntag
18
4. Advent

umgekehrt. Beispielsweise scheint die Sonne zur Sommersonnenwende in Freiburg von etwa 5:30 bis 21:30, in Kiel aber von 4:45 bis 22:00, zur Wintersonnenwende hingegen in

Dezember 2022

353. bis 359. Tag

Wichtig in dieser Woche

08:25 16:16

Montag

19

Dienstag

20

Mittwoch

21

Winteranfang

Freiburg von etwa 8:15 bis 16:30, in Kiel aber nur von 8:30 bis 16:00. Zum Frühlings- und Herbstanfang scheint die Sonne in beiden Orten jeweils fast genau 12 Stunden. Beide

Dezember 2022

Donnerstag
22

Freitag
● 23

Samstag
24
Heiligabend

Sonntag
25
1. Weihnachtstag

Zahlenangaben sind in MESZ (Mitteleuropäische Sommerzeit). Die angegebenen Zeiten beziehen sich jeweils auf den Montag der laufenden Woche.

Dezember 2022

360. bis 1. Tag

Wichtig in dieser Woche

08:27 16:21

Montag

26

2. Weihnachtstag

Dienstag

27

27. Dezember 1983: Ende der Einspruchsfrist gegen die geplante WAA in Dragahn. Über 29 000 Einsprüche gingen beim Landkreis Lüchow-Dannenberg ein.

Mittwoch

28

Januar 2023

Donnerstag
29

Freitag
◐ **30**

Samstag
31
Silvester

1. Januar 1988: Es wird bekannt, dass 1957 ein schwerer Unfall in der Atomkraftanlage Windscale (heute Sellafield) vertuscht wurde.

Sonntag
1
Neujahr

Januar 2023

2. bis 8. Tag

Wichtig in dieser Woche

08:26 16:26

Montag

2

Dienstag

3

3. Januar 1989: Rom erhebt Plastiktüten-Steuern.

Mittwoch

4

5. Januar 1993: Der auf Grund gelaufene Tanker „Braer" verursacht eine Ölpest vor der Küste der Shetland-Inseln.

Donnerstag
5

6. Januar 1991: Bei einer friedlichen Anti-Atomtest-Demonstration in der Wüste von Nevada werden 400 Demonstranten festgenommen.

Freitag
6

Heilige Drei Könige[1)]

7. Januar 2008: Die Gesellschaft zum Schutz der Meeressäugetiere (GSM) teilt mit, dass die Schweinswale in der Ostsee akut vom Aussterben bedroht sind. - 7. Januar 2015: Der Ölkonzern Shell zahlt im Rahmen einer außergerichtlichen Einigung 35 Mio Pfund für die Verseuchung des Nigerdeltas im Jahr 2008.

Samstag
○ **7**

8. Januar 2008: Der Bundesverband Erneuerbare Energien teilt mit, dass der Anteil von Windenergie, Sonnenenergie und anderen Erneuerbaren Energien im Jahr 2007 bei 9,1 % gelegen hat.

Sonntag
8

1) gesetzlicher Feiertag in Baden-Württemberg, Bayern, Sachsen-Anhalt, Österreich

Wichtig in dieser Woche

08:23 16:35

Montag
9

Dienstag
10

10. Januar 2008: Der britische Energieminister John Hutton gibt bekannt, dass innerhalb der nächsten 10 bis 15 Jahre eine neue Generation von Kernkraftwerken gebaut werden soll.

Mittwoch
11

11. Januar 2008: In Finnland erwachen die ersten Bären aus dem Winterschlaf – acht Wochen eher als üblich.

Donnerstag
12

13. Januar. 2008: Das Greenpeace-Schiff „Esperanza“ vertreibt eine japanische Walfangflotte aus der Antarktis.

Freitag
13

Samstag
14

Sonntag
◐ **15**

Januar 2023

16. bis 22. Tag

Wichtig in dieser Woche

08:18 16:46

Montag
16

16. Januar. 2008: Das Oberverwaltungsgericht in Schleswig entscheidet, dass die Laufzeit des AKW Brunsbüttel nicht durch Übertragung von Strommengen aus dem AKW Mülheim-Kärlich verlängert werden darf.

Dienstag
17

17. Januar 1966: Plutoniumverseuchung beim spanischen Ort Palomares nach Absturz einer amerikanischen B-52 mit vier Wasserstoffbomben an Bord.

Mittwoch
18

19. Januar 1736: James Watt, dessen Erfindung der Dampfmaschine (1765) die industrielle Revolution ermöglichte, wird geboren.

Donnerstag

19

---

20. Januar 1987: Bei einem Unfall in der englischen Wiederaufbereitungsanlage Sellafield werden zwölf Arbeiter radioaktiv verseucht.

Freitag

20

---

21. Januar 1968: Nukleare Verstrahlung auf Grönland nach Absturz von US-Bombern mit vier Wasserstoffbomben an Bord.

Samstag

● 21

Sonntag

22

Januar 2023

23. bis 29. Tag

Wichtig in dieser Woche

08:10 16:57

Montag
23

Dienstag
24

Mittwoch
25

25. Januar 1994: Laut einem Bericht des Umweltministeriums ist der Waldboden in Nordrhein-Westfalen an vielen Stellen so sauer wie Essig.

26. Januar 1989: In Niedersachsen wird in der Milch mehrerer Bauernhöfe PCB entdeckt, welches den zulässigen Grenzwert bis zum 22-fachen übersteigt.

Donnerstag

26

Freitag

27

28. Januar 1989: In London wird bekannt, dass die radioaktive Verseuchung der Böden in Schottland als Folge von Tschernobyl bis zu 40-mal höher als angenommen ist und dass Schafe und Wild stark verseucht sind.

Samstag

◐ **28**

Sonntag

29

Januar 2023

30. bis 36. Tag

Wichtig in dieser Woche

08:01 17:10

Montag 30

30. Januar. 2008: Der BUND teilt mit, dass etwa 70 % des Waldes in Deutschland sichtbar krank sind, 25 % sogar schwer geschädigt.

Dienstag 31

31. Januar 1985: Vor einem Untersuchungsausschuss des US-Kongresses gibt der Bhopal-Eigner Union Carbide zu, dass im US-Werk in West Virginia in 83 Fällen das Bhopal-Gift ausgetreten ist.

Mittwoch 1

1. Februar 2008: Das Bundesamt für Verbraucherschutz teilt mit, dass 2006 in etwa zwei Dritteln der untersuchten Obst- und Gemüseproben Pestizide gefunden wurden.

Donnerstag

2

3. Februar 2008: An den Stränden von Föhr und Amrum werden ca. 200 verölte Vögel gefunden. Innerhalb von drei Tagen erhöht sich die Zahl auf über 1800.

Freitag

3

4. Februar 2008: Im Atomkraftwerk Krümmel kommt es zu einem Brand.

Samstag

4

Sonntag

○ **5**

Wichtig in dieser Woche

07:50 17:22

Montag
6

6. Februar 1967: Die USA beginnen, vietnamesische Wälder mit dem Krebs erzeugenden Pflanzenschutzmittel Agent Orange zu entlauben.

Dienstag
7

7. Februar 1992: Die Internationale Atomenergie-Organisation in Wien stuft zehn der ältesten Atomreaktoren in Osteuropa als äußerst unsicher ein.
7. Februar. 2008: Die Neue Zürcher Zeitung meldet, dass sich 88 von 91 vermessenen Gletschern verkleinert haben.

Mittwoch
8

9. Februar 1989: Die Niederlande verbieten die Verbrennung von chemischen Abfällen auf hoher See.

Donnerstag

9

10. Februar 2008: Der für Fischerei zuständige EU-Kommissar Joe Borg fordert Japan auf, endgültig auf den Walfang zu verzichten.

Freitag

10

11. Februar 1987: 150 Güterwagen mit 5000 Tonnen verstrahltem Molkepulver treffen in einem Bundeswehrlager in Meppen ein.

Samstag

11

12. Februar 2008: Neuseelands Ministerpräsidentin Helen Clark kündigt an, dass der Verkehr auf Neuseeland bis zum Jahr 2040 komplett kohlenstoffneutral werden soll.

Sonntag

12

Februar 2023

44. bis 50. Tag

Wichtig in dieser Woche

07:37 17:35

Montag

13

13. Februar 2008: Der dänische Klimaforscher Mads Forchhammer warnt, dass die Klimaerwärmung zu einer Bedrohung für die antarktischen Pinguine wird.

Dienstag

14

Valentinstag

14. Februar 2008: Das Bundesumweltministerium berichtet, dass moderne Elektronik wie Fernsehen, PC, Drucker und Handy weltweit genauso viel CO_2-Ausstoß verursachen wie der Flugverkehr.

Mittwoch

15

Wussten Sie, dass nach Angaben der FAO jährlich über 11 Millionen Hektar tropischen Regenwalds vernichtet werden?

16. Februar 1985: In Wackersdorf und Schwandorf demonstrieren ca. 40 000 Menschen gegen die geplante WAA.

Donnerstag
16

Wussten Sie, dass weltweit eine Milliarde Menschen ohne Zugang zu gesundem Trinkwasser leben?

Freitag
17

Samstag
18

19. Februar 1985: In London wird eine Hochschule zu 900 DM Geldstrafe wegen Quälens von Versuchstieren verurteilt

Sonntag
19

Februar 2023

51. bis 57. Tag

Wichtig in dieser Woche

07:23 17:48

Montag
20 ●
Rosenmontag

20. Februar 1994: In einer Volksabstimmung entscheiden sich 52 % der Schweizer Wähler für die Verlagerung des gesamten Transit-Güterverkehrs auf die Schiene ab 2004.

Dienstag
21
Fastnacht

21. Februar 1988: Mexiko schickt 7000 Tonnen Milchpulver nach Nordirland zurück, weil ein Teil der Ladung radioaktiv verseucht ist.

Mittwoch
22
Aschermittwoch

22. Februar 1990: Der Sicherheitsdirektor der britischen Atomindustrie rät AKW-Arbeitern, vorerst keine Kinder zu zeugen.

23. Februar 1988: Weil das Trinkwasser in Teilen der Stadt Meerbusch für Säuglinge nicht mehr verwendet werden kann, werden an die Eltern der Babys und an das örtliche Krankenhaus Gutscheine zum kostenlosen Erwerb von Mineralwasser ausgegeben.

Donnerstag
23

Freitag
24

25. Februar 2008: Südafrika erlaubt nach 14 Jahren wieder die Jagd auf Elefanten in seinen Nationalparks.

Samstag
25

26. Februar 1992: Der ehemalige sowjetische Atomexperte Solotkow enthüllt, dass sowjetische Behörden 11 000 Container radioaktiven Mülls in der Nähe der Insel Nowaja Semlja versenkt haben.

Sonntag
26

Februar 2023

58. bis 64. Tag

Wichtig in dieser Woche

07:09 18:00

Montag
27 ◐

Dienstag
28

28. Februar 1981: 80 000 Kernkraftgegner und 10 000 Polizisten demonstrieren in Brokdorf.

Mittwoch
1

1. März 1989: Die Zentrale Kommission für biologische Sicherheit genehmigt erstmalig in der Bundesrepublik Deutschland die Aussaat von 37 000 gentechnisch veränderten Petunien in Köln.

Donnerstag 2

2. März 1994: In Hamburg berichtet die Organisation Greenpeace, sie hätte begonnen, deutschen Giftmüll in Albanien zu sichern, damit er zurückgeschafft werde.

Freitag 3

Samstag 4

4. März 1992: Nach einer Studie der Weltgesundheitsorganisation (WHO) ist die geschädigte Umwelt für drei Viertel der weltweiten Todesfälle verantwortlich.

Sonntag 5

5. März 1993: Die Welt-Meteorologie-Organisation (WMO) meldet einen bedenklichen Niedrig-Ozon-Rekord über Europa.

März 2023

65. bis 71. Tag

Wichtig in dieser Woche

06:54 18:12

Montag

6

6. März 1989: In Murmansk wird mit knapper Not die Kernschmelze auf einem Eisbrecher verhindert.

Dienstag

7 ○

7. März 1996: Wissenschaftler aus Edinburgh teilen mit, dass sie zwei walisische Bergschafe geklont haben.

Mittwoch

8

Internationaler Frauentag

9. März 1988: In Österreich gelten Tiere ab 1.7.1988 auch juristisch als Lebewesen und nicht mehr als „Sachen".

Donnerstag
9

Freitag
10

11. März 2011: Bei einen Erdbeben und einer dadurch hervorgerufenen Flutwelle wird das japanische Atomkraftwerk Fukushima schwer beschädigt, sodass es in den folgenden Tagen zur Kernschmelze kommt. Die Umgebung wird großräumig verstrahlt, die Bevölkerung im Unklaren gelassen.
11. März 1988: Die Atomfirma Nukem wird endgültig geschlossen.

Samstag
11

12. März 1992: Der kolumbianische Botschafter gibt in Mexiko-Stadt bekannt, dass er sein Amt aufgrund der starken Luftverschmutzung aufgibt.

Sonntag
12

Wichtig in dieser Woche

06:38 18:24

Montag
13

Dienstag
14

14. März 2015: Der gewaltigste je gemessene tropische Zyklon Pam richtet schwere Verwüstungen an, als er mit Windgeschwindigkeiten von mehr als 270 km/h über die Neuen Hebriden und das Nachbarland Tuvalu fegt.

Mittwoch
15 ◐

Wussten Sie, dass der Energieverbrauch bei der Herstellung von Weißblechdosen ca. 3-mal so hoch und bei der Herstellung von Aluminiumdosen ca. 10-mal so hoch wie bei der Herstellung von Glasflaschen ist?

Donnerstag
16

17. März 1985: In Bremer Schulen wird der Genuss von Trinkwasser wegen hoher Blei- und Kupferwerte verboten.

Freitag
17

18. März 1967: Erste große Ölpest im Ärmelkanal durch den Supertanker „Torrey Canyon“.

Samstag
18

Sonntag
19

März 2023

79. bis 85. Tag

Wichtig in dieser Woche

06:22 18:36

Montag

20

Frühlingsanfang

20. März-12. April 2010: Der isländische Vulkan Eyjafjallajökull bricht aus und beeinträchtigt den Flugverkehr in weiten Teilen Nord- und Mitteleuropas.

Dienstag

21 ●

21. März 1991: Bonn verkündet das Aus für den Schnellen Brüter in Kalkar.

Mittwoch

22

22. März 1989: In Basel wird eine Internationale Konvention beschlossen, um weltweit den Giftmüllexport zu stoppen.

Wussten Sie schon, dass die korrekte Einstellung von Vergaser, Zündanlage und Ventilen mehr als 10 % Benzin sparen kann?

Donnerstag
23

24. März 1989: Der amerikanische Öltanker „Exxon Valdez" läuft in Alaska auf ein Riff. 40000 Tonnen Öl verseuchen die Küste.

Freitag
24

Samstag
25

26. März 1984: Eine neue DIN-Norm über bleifreies Benzin wird festgelegt.

Sonntag
26

Beginn der Sommerzeit

März 2023

86. bis 92. Tag

Wichtig in dieser Woche

07:06 19:48

Montag
27

27. März 2021: Weltweit wird ab 20.30h die jährliche „Earth Hour" stattfinden, eine Aktion des WWF zum Klimaschutz, bei der die Welt jedes Jahr für eine Stunde das Licht ausknipst. Neben Privathaushalten beteiligen sich auch viele Städte.

Dienstag
28

28. März 1979: Reaktorunfall im AKW Three Mile Island bei Harrisburg, große Mengen Radioaktivität entweichen, 200 Bewohner werden evakuiert.

Mittwoch
29 ◐

Donnerstag
30

Freitag
31

1. April 1988: Ein westlich von Prag geplantes Kraftwerk wird nicht gebaut, weil der Schutz von Pflanzen und Tieren Vorrang hat.

Samstag
1

2. April 1989: 23 Säcke mit Chemikalien lösen ein Fischsterben in der Aller aus.

Sonntag
2

April 2023

93. bis 99. Tag

Wichtig in dieser Woche

06:51 19:59

Montag
3

3. April 1986: In Würzburg erhalten städtische Mitarbeiter Freikarten für die Straßenbahn, wenn sie nicht mit dem Auto zum Dienst kommen.

Dienstag
4

Mittwoch
5

5. April 1991: Der Chef der Kali-Chemie unterliegt im Rechtsstreit mit Greenpeace, das sein Foto auf Plakaten mit dem Untertitel „Wir ruinieren das Klima“ abgebildet hatte, um gegen die FCKW-Produktion der Kali-Chemie zu protestieren.

Donnerstag

○ **6**

7. April 1987: Gegen den Geschäftsführer der Hanauer Atomfabrik Alkem und drei Beamte des hessischen Wirtschaftsministeriums wird ein Strafverfahren eröffnet.

Freitag

7

Karfreitag

8. April 1987: Die Hamburger Sozialbehörde beschließt, wegen radioaktiver Belastung der Milch keine Schokoladenosterhasen in Kindergärten zu verteilen.

Samstag

8

9. April 1991: Im Himalaya fällt wegen der Ölbrände in Kuwait schwarzer Schnee.

Sonntag

9

Ostersonntag

Wichtig in dieser Woche

06:35 20:11

Montag
10
Ostermontag

Wussten Sie, dass die Meeresströmung das in der WAA Windscale/Sellafield freigesetzte Plutonium bis nach Grönland und bis an die norwegische Küste transportiert?

Dienstag
11

Mittwoch
12

12. April 1957: 18 führende Kernphysiker warnen im „Göttinger Appell" vor den Gefahren der Atombombe. Bundeskanzler Adenauer sagt am gleichen Tag vor dem Bundestag: „Taktische Atomwaffen sind nichts weiter als die Weiterentwicklung der Artillerie."

Donnerstag

◐ 13

Freitag

14

15. April 2014: Die *Welt* veröffentlicht eine Meldung, dass laut einer Studie der Organisation *Global Witness* im letzten Jahrzehnt weltweit mindestens 900 Umweltaktivisten ermordet wurden.

Samstag

15

16. April 1996: Bonn: Nach 14-jährigem Verbot wird der Hanfanbau wieder genehmigt; der Anteil des Cannabis-Wirkstoffes darf 0,3 % nicht überschreiten.

Sonntag

16

April 2023

107. bis 113. Tag

Wichtig in dieser Woche

06:20 20:23

Montag
17

17. April 1985: In der schriftlichen Begründung für das Verbot des Atomzwischenlagers in Gorleben weisen die Richter des Verwaltungsgerichts Lüneburg auf fehlende oder unzureichende Sicherheitsvorkehrungen hin.

Dienstag
18

18. April 1988: Ein Gericht in Hamm wertet Wettangeln als Tierquälerei und verurteilt zwei Funktionäre zu Geldstrafen.

Mittwoch
19

19. April 1989: Die indonesische Regierung gibt einer Papiertaschentuchfabrik das Recht, 800000 Hektar Tropenwald abzuholzen.

20. April 2010: Die Ölplattform „Deepwater Horizon“ explodiert im Golf von Mexiko und verursacht die bisher größte Ölverschmutzung des Meeres.

Donnerstag

● 20

---

21. April 1994: Als weltweit erstes Chemieunternehmen steigt die Frankfurter Hoechst AG aus der Herstellung des Ozonkillers FCKW aus.

Freitag

21

---

22. April: „Tag der Erde“, internationaler Aktionstag zum Thema Umwelt.

Samstag

22

---

23. April 1991: Die Vereinigten Elektrizitätswerke Westfalen (VEW) unterzeichnen einen Vertrag, nach dem deutscher Atommüll bis weit über das Jahr 2000 hinaus in der WAA Sellafield entsorgt wird.

Sonntag

23

April 2023

114. bis 120. Tag

Wichtig in dieser Woche

06:06 20:34

Montag
24

Dienstag
25

25. April 1998: In Spanien löst der Bruch eines Auffangbeckens für die giftigen Abfälle einer Schwefelkiesmine eine ökologische Katastrophe aus.
25. April 2013: In Uruguay haben Forscher das Erbgut von Schafen mit Quallen-DNA versetzt, so dass sie nachts im UV-Licht leuchten.

Mittwoch
26

26. April 1986: Super-GAU in Tschernobyl. – 26. April 1995: Der ukrainische Gesundheitsminister gibt bekannt, dass seitdem 125 000 Menschen in seinem Land an den Folgen der radioaktiven Strahlung gestorben sind.

Donnerstag

◐ 27

---

28. April 1986: Im schwedischen AKW Forswerk werden 600 Arbeiter wegen erhöhter Radioaktivität evakuiert. Erst später stellt sich heraus, dass die Radioaktivität durch den GAU in Tschernobyl verursacht wurde.

Freitag

28

---

29. April 1987: Der Rhein färbt sich rot, nachdem bei Ciba-Geigy in der Schweiz Farbstoffe in den Rhein gelangt sind.

Samstag

29

Sonntag

30

Mai 2023

121. bis 127. Tag

Wichtig in dieser Woche

05:52 20:46

Montag

1

Tag der Arbeit

Dienstag

2

Mittwoch

3

3. Mai 1980: Etwa 3000 AKW-Gegner besetzen die Tiefbohrstelle Gorleben.

Wussten Sie, dass jährlich ca. 1000 Krebstodesfälle auf Asbest zurückzuführen sind?

Donnerstag
4

5. Mai 1992: Ein internationales Abkommen zur Begrenzung und Kontrolle von Giftmülltransporten tritt in Kraft.

Freitag
○ **5**

6. Mai 1985: Die „Initiative Automobile Gesellschaft“ behauptet, Autoabgase würden Bäume düngen.

Samstag
6

Sonntag
7

Wichtig in dieser Woche

05:40 20:57

Montag
8
Muttertag

8. Mai 1996: Der größte Polizeieinsatz der Bundesrepublik sichert den Transport von hochradioaktivem Abfall aus La Hague in das niedersächsische Zwischenlager Gorleben.

Dienstag
9

Wussten Sie schon, dass jede zweite Schmetterlingsart in Mitteleuropa bereits ausgestorben oder akut gefährdet ist?

Mittwoch
10

Donnerstag
11

Freitag
◐ **12**

Samstag
13

Sonntag
14

Mai 2023

135. bis 141. Tag

Wichtig in dieser Woche

05:29 21:07

Montag 15

15. Mai 1984: AP veröffentlicht eine Studie, wonach bei einer Umstellung der Landwirtschaft auf biologisch-dynamischen Anbau 1,6 Millionen Arbeitsplätze geschaffen würden.

Dienstag 16

Mittwoch 17

17. Mai 1993: Der neue Franz-Josef-Strauß-Flughafen nimmt den Betrieb auf, das Erdinger Moos stellt ihn ein.

18. Mai 1993: Die „Times of India“ meldet 147 Störfälle in Indiens AKWs im vergangenen Jahr.

Donnerstag

18

Christi Himmelfahrt

19. Mai 1983: Der Seveso-Giftmüll wird nach langer Suche in einem alten Schlachthof in Nordfrankreich entdeckt.

Freitag

● 19

20. Mai 1986: Bei einer Demonstration am Bauzaun von Wackersdorf werden 300 Menschen verletzt.

Samstag

20

Wussten Sie schon, dass jeder Bundesbürger etwa 130 Liter Wasser pro Tag verbraucht, ein Drittel davon für die Klospülung?

Sonntag

21

Mai 2023

142. bis 148. Tag

Wichtig in dieser Woche

05:20 21:17

Montag
22

22. Mai 1986: Der hessische Umweltminister Fischer legt ein Programm für Energieversorgung ohne Kernenergie vor.

Dienstag
23

Mittwoch
24

Donnerstag
25

Freitag
26

27. Mai 1968: Beginn des Prozesses um die Missbildungen von über 2000 Menschen durch Contergan.

Samstag
◐ **27**

Sonntag
28
Pfingstsonntag

Wichtig in dieser Woche

05:13 21:26

Montag

29

Pfingstmontag

Dienstag

30

Wusssten Sie, dass jeden Tag mindestens 100 Tier- und Pflanzenarten aussterben?

Mittwoch

31

Juni 2023

1. Juni 1996: Die 40000 Einwohner der Stadt Schönebeck entgehen nur knapp einer Giftkatastrophe, als ein mit dem hochgiftigen Vinylchlorid beladener Waggon entgleist und explodiert.

Donnerstag
1

Wussten Sie, dass Schilder „Hier stirbt der Wald“, 1971 vom Bund Naturschutz in Bayern aufgestellt, polizeilich verboten wurden?

Freitag
2

3. Juni 1992: Die UNO-Umweltkonferenz in Rio wird als größtes Gipfeltreffen der Geschichte eröffnet. Die Beschlüsse sind jedoch nicht bindend, eine Klimaschutzkonvention scheitert am Einspruch der USA.

Samstag
3

Sonntag
○ **4**

Juni 2023

156. bis 162. Tag

Wichtig in dieser Woche

05:08 21:33

Montag
5

5. Juni 1972: Weltumwelttag; Eröffnung der 1. UNO-Umweltkonferenz in Stockholm.

Dienstag
6

6. Juni 1989: Nach Informationen der Umweltorganisation Greenpeace liegen derzeit 60 Atomwaffen und Reaktoren, die bei Marineunfällen versunken sind, auf dem Meeresgrund.

Mittwoch
7

8. Juni 1998: Trotz internationaler Proteste geht das umstrittene slowakische Atomkraftwerk Mochovce in Betrieb.

Donnerstag 8

Fronleichnam[1)]

Freitag 9

10. Juni 2014: Kiribatis Präsident Anote Tong kauft Land auf den Fidschi-Inseln als Ausweichmöglichkeit für sein Volk, wenn durch den Klimawandel sein aus Atollen bestehendes Land untergeht. Küstengebiete erodieren bereits und eine Insel ist schon untergegangen.

Samstag ◐ 10

Sonntag 11

1) Gesetzlicher Feiertag in Baden-Württemberg, Bayern, Hessen, Nordrhein-Westfalen, Rheinland-Pfalz, Saarland, Sachsen (teilw.), Thüringen (teilw.), Österreich, Schweiz (teilw.)

Juni 2023

163. bis 169. Tag

Wichtig in dieser Woche

05:05 21:38

Montag
12

Wussten Sie schon, dass schon ein Milliardstel Gramm TCDD (Dioxin) Schäden beim Menschen hervorrufen kann?

Dienstag
13

13. Juni 1992: Das Verkehrsministerium bestätigt den Aus- und Neubau von 11 600 Kilometern Autobahnen und Bundestraßen im nächsten Jahrzehnt.

Mittwoch
14

14. Juni 1988: Ein Geschworenengericht in New Jersey, USA, verurteilt eine Zigarettenfirma zur Zahlung von 400 000 Dollar an einen Witwer, dessen Frau durch aggressive Werbung zum Rauchen verführt wurde und an Lungenkrebs starb.

15. Juni 1986: Mehr als 15 000 Menschen aus Frankreich, Belgien, Luxemburg und der Bundesrepublik Deutschland demonstrieren gegen den „Atompark“ Cattenom.

Donnerstag
15

Freitag
16

Wussten Sie, dass 10 Liter Benzin bei der Verbrennung ca. 100 000 Liter Abgase produzieren?

Samstag
17

18. Juni 1984: In Bayern sprechen sich bei einem Volksentscheid 94 % der Bevölkerung für die Verankerung des Umweltschutzes in der Verfassung aus.

Sonntag
• 18

Juni 2023

170. bis 176. Tag

Wichtig in dieser Woche

05:05 21:41

Montag
19

Dienstag
20

20. Juni 1995: Der Ölkonzern Shell beugt sich dem Druck von Politik und Öffentlichkeit und versenkt die Ölbohrinsel „Brent Spar“ doch nicht in der Nordsee. Allein in Deutschland waren die Umsätze an Shell-Tankstellen um 20–30 % zurückgegangen.

Mittwoch
21
Sommeranfang

22. Juni 1984: Der niedersächsische Landtag spricht sich für die atomare Wiederaufbereitung in Niedersachsen aus.

Donnerstag
22

Freitag
23

Nationalfeiertag in Luxemburg

24. Juni 1984: In München beginnt die erste Ost-West-Umweltkonferenz.

Samstag
24

Sonntag
25

Wichtig in dieser Woche

05:07 21:42

Montag
26 ◐

Dienstag
27

Mittwoch
28

Juli 2023

Donnerstag
29

Freitag
30

1. Juli 1984: Der Bundesgerichtshof entscheidet, dass ein Bauer, der beim Versprühen von Gift das Nachbargrundstück „mitbehandelt", dem Nachbarn Schadensersatz leisten muss.

Samstag
1

Sonntag
2

Juli 2023

184. bis 190. Tag

Wichtig in dieser Woche

05:12 21:40

Montag
3 ○

3. Juli 1987: Wegen Sicherheitsmängeln wird der wichtigste Teil der Atomfirma Nukem stillgelegt. - 3. Juli 2015: André Borschberg stellt mit seinem Solarflieger „Solar Impulse 2" einen neuen Weltrekord im längsten Soloflug auf, als er in 120 Stunden vom japanischen Nagoya ohne Zwischenlandung bis nach Hawaii fliegt.

Dienstag
4

Mittwoch
5

5. Juli 1991: In Malaysia werden acht Umwelt-Aktivisten festgenommen. Zwei Deutsche werden erst zwei Monate später wieder aus der Haft entlassen.

6. Juli 1995: Der Bundesgerichtshof verurteilt 3 Anzeigen des Benetton-Konzerns (u. a. eine in einem Ölteppich schwimmende Ente) als sitten- und damit wettbewerbswidrig.

Donnerstag
6

7. Juli 1996: Konstanz: Der Rechtsanwalt Horst Frank wird zum ersten grünen Oberbürgermeister Deutschlands gewählt.

Freitag
7

8. Juli 1988: Eine Studie berichtet, dass sich in den Uranabbaugebieten der DDR die Krebstodesfälle häufen.

Samstag
8

9. Juli 1985: Ein evangelischer Pfarrer aus der Gemeinde Hindelang/Oberallgäu will jedem einen Kasten Bier spendieren, der ihn durch 500 m Bergwald führt, in dem mindestens 50 % der Fichten noch gesund sind.

Sonntag
9

Wichtig in dieser Woche

05:18 21:35

Montag
10 ◑

10. Juli 1976: In Seveso/Italien kommt es zu einem Unglück im Icmesa-Chemiewerk, bei dem große Mengen Dioxin in die Umwelt gelangen.

Dienstag
11

Mittwoch
12

Donnerstag
13

14. Juli 1994: Tod des Journalisten, Zukunftsforschers und Warners vor den Gefahren der Atomenergie Robert Jungk (geb. 11.5.1913).

Freitag
14

Samstag
15

Sonntag
16

Wichtig in dieser Woche

05:26 21:28

Montag
17 ●

Dienstag
18

18. Juli 2012: Die NASA veröffentlicht Satellitenbilder, die zeigen, dass vom Petermann-Gletscher in Grönland ein riesiges Stück Eis in der doppelten Größe von Manhattan abgebrochen ist.

Mittwoch
19

19. Juli 1982: In Brighton (England) wird ein weltweiter Stopp des kommerziellen Walfangs beschlossen.

20. Juli 1988: Die Minister Töpfer und Riesenhuber erklären auf einer Pressekonferenz, sie wollen „politisch motivierte Verzögerungen des Genehmigungsverfahrens für den Schnellen Brüter in Kalkar unterbinden".

Donnerstag
20

21. Juli 1969: Neil Armstrong betritt um 3.56 MEZ als erster Mensch den Mond.

Freitag
21

22. Juli 1988: Der britische Energieminister legt den Schnellen Brüter in Dounreay (Schottland) still, weil er unnötig und unwirtschaftlich ist.

Samstag
22

Sonntag
23

Juli 2023

205. bis 211. Tag

Wichtig in dieser Woche

05:36 21:20

Montag
24

24. Juli 1988: Mit Menschenketten demonstrieren Zehntausende für eine saubere Nordsee.

Dienstag
25

Mittwoch
26 ◐

26. Juli 1994: In Hessen wird erstmals für ein ganzes Bundesland Ozonalarm ausgelöst.

Donnerstag
27

28. Juli 1968: Der deutsche Chemiker Otto Hahn, der Entdecker der Kernspaltung, stirbt in Göttingen.

Freitag
28

Samstag
29

Sonntag
30

Juli 2023

212. bis 218. Tag

Wichtig in dieser Woche

05:46 21:09

Montag
31

Dienstag
1 ○

Bundesfeier in der Schweiz

Mittwoch
2

2. August 1988: Die US-amerikanische Umweltbehörde (EPA) ordnet für die Produktion von Fluor-Chlor-Kohlenwasserstoffen (FCKW) Beschränkungen gemäß dem Montrealer Protokoll von 1987 an.

Donnerstag
3

4. August 2014: Neuseeland hat erstmals den Klimawandel als Asylgrund akzeptiert. Die Familie Alesana aus Tuvalu hatte es beantragt, weil ihre Heimatinsel im Meer zu versinken droht.

Freitag
4

Samstag
5

6. August 1945: Atombombenabwurf auf Hiroshima.

Sonntag
6

August 2023

219. bis 225. Tag

Wichtig in dieser Woche

05:56 20:57

Montag
7

7. August 1988: Ein Gutachten des Deutschen Instituts für Wirtschaftsforschung (DIW) stellt fest, dass der Verzicht auf Atomstrom wirtschaftlich möglich wäre.

Dienstag
8 ◐

8. August 1989: Die „New York Times" berichtet, dass in den USA Arbeiter verschiedener Atomkraftwerke zum Psychiater geschickt worden seien, als sie sich über mangelnde Sicherheitsvorkehrungen beschwerten.

Mittwoch
9

9. August 2002: Ein Jahrhunderthochwasser überschwemmt weite Teile Deutschlands.

Donnerstag
10

Freitag
11

Samstag
12

13. August 1996: Greenpeace präsentiert ein eigenes Drei-Liter-Auto, einen umgebauten Renault „Twingo Easy", dessen Verbrauch bei nur 3,2 l Kraftstoff auf 100 km liegt.

Sonntag
13

August 2023

226. bis 232. Tag

Wichtig in dieser Woche

06:07 20:44

Montag
14

14. August 1991: Aus dem „Sofortbericht Bitterfeld" geht hervor, dass 80 Prozent der Bevölkerung in dieser Region an Atemwegserkrankungen leiden.

Dienstag
15

15. August 2022: In Pakistan überschwemmen sintflutartige Regenfälle ein Drittel des Landes, Zehntausende Häuser werden weggespült, Tausende Menschen sterben.

Mariä Himmelfahrt[1]

Mittwoch
16 ●

16. August 1989: Die Landesregierung von NRW legt das Atomkraftwerk in Hamm-Uentrop still.

1) Gesetzlicher Feiertag in: Bayern in Gemeinden mit überwiegend katholischer Bevölkerung, Saarland, – Österreich, Schweiz (teilweise), Luxemburg.

Donnerstag
17

18. August 1992: Frankreich verbietet die Einfuhr ausländischen Hausmülls, nachdem die illegale Beimengung von deutschem Klinikmüll bekannt wurde.

Freitag
18

19. August 1994: Das BVG entscheidet, dass Gemeinden grundsätzlich eine Verpackungssteuer auf Einweggeschirr und Dosen erheben dürfen.

Samstag
19

Sonntag
20

August 2023

233. bis 239. Tag

Wichtig in dieser Woche

06:18 20:29

Montag
21

Dienstag
22

22. August 2020: Heute war der Earth Overshoot Day. Alle nachhaltig nutzbaren Ressourcen der Erde wurden aufgebraucht. Seit dem 22.8.20 leben wir auf Pump.

Mittwoch
23

23. August 1988: Das unabhängige World Watch Institute stuft das Fahrrad unter ökologischen und ökonomischen Gesichtspunkten als das zukunftsträchtigste Verkehrsmittel ein.

Donnerstag
◐ 24

Freitag
25

Samstag
26

Sonntag
27

August 2023

Wichtig in dieser Woche

06:29 20:14

Montag 28

28. August 1986: Der SPD-Parteitag in Nürnberg beschließt den Ausstieg aus der Kernenergie innerhalb der nächsten zehn Jahre.

Dienstag 29

Mittwoch 30

Donnerstag

○ 31

1. September 1991: Nach wochenlangen Boykottaktionen haben Schüler in Göttingen die Einwegverpackungen für Pausenmilch aus den Schulen verbannt.

Freitag

1

Samstag

2

Sonntag

3

September 2023

247. bis 253. Tag

Wichtig in dieser Woche

06:40 19:59

Montag
4

4. September 1988: Mit kilometerlangen Menschenketten wird im Baltikum gegen die Ostseeverschmutzung protestiert.

Dienstag
5

Mittwoch
6

September 2023

7. September 1988: Das Atommüll-Zwischenlager in Gorleben darf ab dato benutzt werden.

Donnerstag
◐ **7**

Freitag
8

Samstag
9

10. September 1991: Bundesumweltminister Töpfer teilt die Stilllegung des Atomkraftwerkes in Greifswald mit.

Sonntag
10

September 2023

254. bis 260. Tag

Wichtig in dieser Woche

06:52 19:43

Montag

11

11. September 1992: Nach Beobachtungen des französischen Satelliten SPOT wurde fast ein Drittel des Regenwaldes auf der indonesischen Insel Sumatra abgeholzt.

Dienstag

12

Mittwoch

13

Donnerstag
14

15. September 2014: „Jedes kleine Stück Kunststoff der letzten 50 Jahre, das ins Meer gelangte, ist noch immer dort", berichtet Tony Andrady, Chemiker, in einem Artikel über über das sog. Great Pazific Garbage Patch, einen riesigen Plastikmüllteppich, der im Pazifik schwimmt.

Freitag
● 15

16. September 1991: Griechische Umweltschützer erreichen, dass das Sprühen von Pestiziden aus der Luft auf der Insel Korfu untersagt wird.

Samstag
16

Sonntag
17

September 2023

261. bis 267. Tag

Wichtig in dieser Woche

07:03 19:27

Montag
18

18. September 1984: Bundesinnenminister Zimmermann kündigt an, dass ab 1.1.1989 in der Bundesrepublik die strengen US-Abgasnormen gelten sollen. (Dies konnte wegen der EG-Verträge nicht durchgesetzt werden.)

Dienstag
19

19. September 1990: Deutschland wird chemiewaffenfrei. – 19. September 1991: Rund 200 Vertreter der wichtigsten Bürgerrechtsbewegungen der früheren DDR schließen sich zum „Bündnis 90“ zusammen.

Mittwoch
20

20. September 2014: Der Spiegel mahnt in einem Artikel, dass in Syrien durch die Folgen des Krieges Grundwasser und Böden auf Jahrzehnte vergiftet sind.

Donnerstag
21

Freitag
◐ **22**

22. September 1987: Mit gentechnischen Methoden ist in Australien ein „Superschaf" entwickelt worden, das eineinhalbmal so groß werden kann wie das normale Wolltier und viel schneller wächst.

Samstag
23
Herbstanfang

23. September 2019: Die schwedische Klimaschutzaktivistin Greta Thunberg (geb. 2003), Initiatorin der Bewegung „Fridays for Future", hält eine „Wutrede" beim UN-Klimagipfel in New York.

Sonntag
24

September 2023

268. bis 274. Tag

Wichtig in dieser Woche

07:14 19:11

Montag
25

Dienstag
26

26. September 1991: Die Bürgermeister der sieben bewohnten Inseln Ostfrieslands einigen sich darauf, Getränkedosen von den Inseln zu verbannen.

Mittwoch
27

28. September 1986: Fünf Monate nach dem Super-GAU wird der erste Reaktorblock von Tschernobyl wieder in Betrieb genommen.

Donnerstag

28

Freitag

○ **29**

Samstag

30

1. Oktober 1986: Durch Kontakt mit einem Schädlingsbekämpfungsmittel sind im Naturpark Donana (Andalusien/Spanien) mindestens 27 000 Zugvögel getötet worden. - 1. Oktober 2013: Beim Fußballspiel Basel gegen Schalke seilen sich 30 Greenpeaceaktivisten mit einem riesigen Banner ab, auf dem sie gegen Ölbohrungen in der Arktis von Schalke- und UEFA-Sponsor Gazprom protestieren.

Sonntag

1

Erntedankfest

Oktober 2023

275. bis 281. Tag

Wichtig in dieser Woche

07:25 18:55

Montag
2

Dienstag
3
Tag der Deutschen Einheit

Mittwoch
4

Oktober 2023

Donnerstag
5

6. Oktober 1986: Der nordrhein-westfälische Landwirtschaftsminister gibt bekannt, dass in NRW jede zweite Eiche in ihrem Bestand gefährdet ist.

Freitag
◐ **6**

Samstag
7

Sonntag
8

Oktober 2023

282. bis 288. Tag

Wichtig in dieser Woche

07:37 18:40

Montag 9

9. Oktober 1990: Nach Angaben des Deutschen Forstvereins hat sich das Waldsterben dramatisch beschleunigt. Beispielsweise sind 81% der Buchen und 75% der Eichen geschädigt.

Dienstag 10

10. Oktober 1987: 30000 AKW-Gegner demonstrieren gegen die WAA Wackersdorf.

Mittwoch 11

12. Oktober 1990: Die Gesellschaft für Strahlenschutz gibt an, dass seit 1946 400 000 DDR-Kumpel aus dem Uranbergbau radioaktiv verseucht worden sind.

Donnerstag
12

Freitag
13

14. Oktober 1985: Das Zwischenlager für schwach radioaktive Abfälle in Gorleben erhält eine neue Betriebserlaubnis vom Gewerbeaufsichtsamt in Lüneburg.

Samstag
● 14

Sonntag
15

Oktober 2023

289. bis 295. Tag

Wichtig in dieser Woche

07:48 18:25

Montag 16

16. Oktober 1992: Block 3 des KKW Tschernobyl geht wieder ans Netz.

Dienstag 17

17. Oktober 1983: Bei Brunsbüttel wird die Windanlage „Growian“ in Betrieb genommen.

Mittwoch 18

18. Oktober 1994: In Serre bei Salerno wird das größte Sonnenenergie-Kraftwerk der Welt mit Photovoltaik-Technologie – sie wandelt Sonnenlicht direkt in Strom um – in Betrieb genommen.

Donnerstag
19

Freitag
20

Samstag
21

Sonntag
◐ **22**

Oktober 2023

296. bis 302. Tag

Wichtig in dieser Woche

08:00 18:10

Montag
23

Dienstag
24

24. Oktober 1986: Trotz zahlreicher Proteste der Nachbarländer wird das Kernkraftwerk Cattenom (Frankreich) in Betrieb genommen.

Mittwoch
25

25. Oktober 1984: An der brasilianisch-paraguayanischen Grenze wird das Wasserkraftwerk Itaipa eingeweiht, für das eine umfangreiche Regenwaldfläche vernichtet wurde.

Oktober 2023

Donnerstag
26
Nationalfeiertag in Österreich

Freitag
27

Samstag
○ **28**

Wussten Sie, dass in Deutschland von den hier existierenden 500 Wirbeltierarten etwa die Hälfte vom Aussterben bedroht bzw. schon ausgestorben ist?

Sonntag
29
Ende der Sommerzeit[2]

Oktober 2023

303. bis 309. Tag

Wichtig in dieser Woche

07:13 16:57

Montag 30

30. Oktober 1990: Es wird bekannt, dass durch die ca. 300 sowjetischen Atomversuche in Semipalatinsk in Kasachstan etwa eine halbe Million Menschen radioaktiv verseucht worden sind und dass in dieser Region jedes dritte Kind mit Missbildungen geboren wird.

Dienstag 31

Reformationstag[1]

Mittwoch 1

Allerheiligen[2]

1. November 1992: Ab dato ist in Frankreich das Rauchen an öffentlichen Plätzen untersagt.

1) Gesetzlicher Feiertag in Brandenburg, Hamburg, Mecklenburg-Vorpommern, Niedersachsen, Sachsen, Sachsen-Anhalt, Schleswig-Holstein, Thüringen

Donnerstag

2

3. November 1988: Der Düsseldorfer Landwirtschaftsminister gibt bekannt, dass seit Aufdeckung des Hormonskandals 8962 Kälber getötet worden sind.

Freitag

3

4. November 1987: Im US-Staat South Carolina werden zum Zweck der experimentellen Erprobung genetisch manipulierte Mikroorganismen freigesetzt.

Samstag

4

5. November 1996: Erstmals werden vermutlich gentechnisch veränderte Sojabohnen aus US-Anbau per Frachter nach Deutschland eingeführt.

Sonntag

◐ **5**

2) Gesetzlicher Feiertag in Baden-Württemberg, Bayern, Nordrhein-Westfalen, Rheinland-Pfalz, Saarland, – Österreich, Schweiz (teilweise), Luxemburg.

November 2023

310. bis 316. Tag

Wichtig in dieser Woche

07:25 16:45

Montag
6

Dienstag
7

7. November 1989: Die Begrenzung des Kohlendioxid-Ausstoßes durch die internationale Klimakonferenz in Nordwijk wird durch den Widerstand der USA, der UdSSR und Japans verhindert.

Mittwoch
8

9. November 1989: Die DDR öffnet ihre Grenzen.

Donnerstag
9

10. November 1995: Der Dichter Ken Saro-Wiwa, der gegen die Verschmutzung des Ogonilandes durch den Shell-Konzern protestiert hatte, wird in Nigeria mit acht weiteren Ogoni gegen internationalen Protest hingerichtet.

Freitag
10

11. November 1990: Kopenhagen stellt 5000 Pfand-Fahrräder im Stadtgebiet bereit.

Samstag
11

12. November 1990: In Most (Nordböhmen) werden wegen der extremen Luftverschmutzung Atemschutzmasken an Kinder verteilt.

Sonntag
12

Wichtig in dieser Woche

 07:37 16:34

Montag

13 ●

13. November 1983: Der Hamburger Senator Kuhbier gibt bekannt, dass Hamburg Klärschlamm aus seinen Kläranlagen in Marokko und Tunesien deponieren will.

Dienstag

14

14. November 1981: In Wiesbaden demonstrieren 150000 Menschen gegen die Startbahn West und geben Unterschriften für ein Volksbegehren ab.

Mittwoch

15

November 2023

Donnerstag
16

Freitag
17

Samstag
18

19. November 1961: Erstmals wird der Verdacht bekannt, dass Contergan zu Behinderungen bei ungeborenen Kindern führt.

Sonntag
19
Volkstrauertag

November 2023

324. bis 330. Tag

Wichtig in dieser Woche

07:49 16:26

Montag

20 ◐

Dienstag

21

Mittwoch

22

Buß- und Bettag[1)]

Wussten Sie, dass auch Hummeln in vielen Gegenden vom Aussterben bedroht sind?

1) Gesetzlicher Feiertag in Sachsen

November 2023

23. November 1992: Nach ungarischen Protesten erklärt sich die CSR zu einem Baustopp des Donaukraftwerkes Gabcikovo bereit.

Donnerstag
23

Freitag
24

25. November 1973: Der erste von drei autofreien Sonntagen in der Bundesrepublik Deutschland wegen der Erdölknappheit.

Samstag
25

Sonntag
26

Totensonntag

November 2023

331. bis 337. Tag

Wichtig in dieser Woche

07:59 16:19

Montag
27 ○

Dienstag
28

Wussten Sie, dass der „Abfall“ einer Biogasanlage wertvoller Dünger ist?

Mittwoch
29

29. November 1984: Basel kauft 26 neue Straßenbahnwagen, weil die Fahrgastzahl seit Einführung der Umweltmonatskarte drastisch gestiegen ist.

Donnerstag
30

1. Dezember 1959: Die Antarktis wird vertraglich zur atomwaffenfreien Zone erklärt.

Freitag
1

Samstag
2

3. Dezember 1984: Im indischen Bhopal setzt ein Chemiewerk Methylisozyanat sowie Phosgen und Nitrosegase frei: 3000 Menschen sterben, 300000 leiden an Spätfolgen der Vergiftung.

Sonntag
3
1. Advent

Dezember 2023

338. bis 344. Tag

Wichtig in dieser Woche

08:09 16:15

Montag 4

4. Dezember 2019: Die Verleihung des Right Livelihood Awards („Alternativer Nobelpreis“) findet in Stockholm statt. Preisträger sind Aminatou Haidar, Guo Jianmei, Greta Thunberg und Davi Kopenawa.

Dienstag 5 ◑

5. Dezember 1985: Australien fordert Entschädigungszahlungen von Großbritannien für die Ureinwohner, die wegen britischer Atomtests ihre radioaktiv verseuchten Wohngebiete verlassen mussten.

Mittwoch 6

Nikolaustag

Dezember 2023

7. Dezember 1984: Der Chef des US-Konzerns Union Carbide wird in Bhopal vorübergehend festgenommen.

Donnerstag
7

8.12.2016: Aufklärungsflugzeuge der NASA entdecken einen 112 km langen Riss in einem Antarktisgletscher, der den Beginn des Zerfalls dieses Gletschers und die Entstehung eines Mega-Eisberges bedeutet.

Freitag
8
Mariä Empfängnis[1)]

9. Dezember: Alljährliche Verleihung des alternativen Nobelpreises.

Samstag
9

Sonntag
10
2. Advent

1) Feiertag in Österreich, Schweiz teilweise

Wichtig in dieser Woche

08:17 16:13

Montag
11

Dienstag
12

12. Dezember 1985: Joschka Fischer wird in Wiesbaden als erster Grüner Umweltminister vereidigt.

Mittwoch
13 ●

Dezember 2023

14. Dezember 1976: Die BASF verzichtet nach 9-jährigem Kampf gegen den „Atompfarrer“ Günther Heipp auf ein Atomkraftwerk in Ludwigshafen.

Donnerstag
14

15. Dezember 1990: Der letzte der vier Blöcke des DDR-KKWs Greifswald wird abgeschaltet.

Freitag
15

Samstag
16

17. Dezember 1992: Der Philosoph und Schriftsteller Günther Anders, bekannt für seine Zivilisationskritik, stirbt in Wien.

Sonntag
17
3. Advent

Dezember 2023

352. bis 358. Tag

Wichtig in dieser Woche

08:23 16:14

Montag

18

Dienstag

19 ◐

Mittwoch

20

Donnerstag
21

22. Dezember 1990: Die EG einigt sich auf strengere PKW-Abgaswerte, die aber in den USA bereits als veraltet gelten.

Freitag
22
Winteranfang

Samstag
23

24. Dezember 1990: Nach einer Studie des Umwelt- und Prognose-Instituts Heidelberg (UPI) verursacht der Straßenverkehr jährlich Umweltschäden in Höhe von 298,3 Milliarden DM.

Sonntag
24
4. Advent
Heiligabend

Dezember 2023

359. bis 365. Tag

Wichtig in dieser Woche

08:26 16:18

Montag

25

1. Weihnachtstag

Dienstag

26

2. Weihnachtstag

Mittwoch

27 ○

Donnerstag
28

Freitag
29

Samstag
30

Sonntag
31
Silvester

Januar 2024

1. bis 7. Tag

Wichtig in dieser Woche

08:27 16:26

Montag

1

Neujahr

Dienstag

2

Mittwoch

3

Januar 2024

Donnerstag

◐ **4**

Freitag

5

Samstag

6

Heilige Drei Könige[1]

Sonntag

7

1) gesetzlicher Feiertag in Baden-Württemberg, Bayern, Sachsen-Anhalt, Österreich

Was ist tropischer Regenwald

Rettet den Regenwald informiert

Als tropischer Regenwald werden alle immergrünen Wälder der Tropen definiert, in denen keine Trockenperiode auftritt. Sie umspannen wie ein Gürtel die Erde entlang des Äquators. In Amazonien, im Kongobecken und in Südostasien wachsen die größten zusammenhängenden Tropenwaldgebiete. Intensives Sonnenlicht, hohe Temperaturen und mindestens zweitausend Liter Regen pro Quadratmeter im Jahr erschaffen dort den größten Artenreichtum der Erde.

Stockwerkbau

Das einheitlich erscheinende dichte Grün des tropischen Regenwaldes ist weit weniger gleichförmig als es auf den ersten Blick erscheinen mag. Grundsätzlich gibt es hier vier verschiedene Stockwerke. Die Bodenregion und die Wasserwelt, die Busch- und Strauchregion, die Kronenregion und das „Penthouse" mit den alles überragenden Baumriesen. Sie alle haben ihre eigenen, oft sehr spezialisierten Bewohner. Viele Lebewesen haben Symbiosen gebildet – sie nutzen sich gegenseitig. Kooperation ist im Regenwald überlebenswichtig. Nur wer einen optimal angepassten Lebensstil hat, überlebt hier.

Bewohner des Waldbodens

Hier ist es sehr dunkel. Durch das dichte Blätterdach gelangen nur ein bis zwei Prozent des Lichtes tatsächlich bis zum Boden. Viele Pilze, Moose und Farne gedeihen hier. Die Samen der großen Bäume haben nur eine Chance aufzukeimen, wenn ein großer Baum umstürzt und so eine Lichtung in das undurchdringliche Kronendach reißt. Schnell wachsen nun die Sämlinge und Lianen nach.

So entsteht schon bald hoch oben eine neue Plattform für viele der Aufsitzerpflanzen (wissenschaftlich „Epiphyten", z.B. Orchideen) und ein neuer Lebensraum für hunderte Tiere.

Ein gutes Beispiel für die wechselseitigen Abhängigkeiten im Regenwald sind die Rafflesien, die in Südostasien wachsen. Ihre riesigen Blüten von einem Meter Durchmesser und einem Gewicht von bis zu sieben Kilogramm benötigen für ihre Entwicklung bis zu einem Jahr – um danach nur wenige Tage zu blühen. Für die Bestäubung der auf dem Boden wachsenden Blüte ist die Rafflesie auf bestimmte Insekten angewiesen. Sie werden von dem Aas-ähnlichen Geruch und der Farbe angelockt. Als Schmarotzer ist sie zudem auf bestimmte Wirtspflanzen angewiesen, Lianen zum Beispiel. Sterben diese, so stirbt auch die Rafflesie.

Gärtner im Urwald

Jedem Regenwaldbesucher, der beim Gang durch den südamerikanischen Dschungel den Blick auf den Boden richtet, fallen sie auf. Wo man hinschaut, sieht man die Prozessionen der Blattschneider-Ameisen, die ausgesägte Blätter, Blütenteile und Fruchtstücke zu ihren Nestern transportieren. Dort nutzen sie ihre Ernte nicht, wie man vermuten würde, direkt als Nahrung. Mit dem Pflanzenmaterial kultivieren die Ameisen Pilze. Sie gedeihen in extra angelegten Höhlen in den Nestern und ernähren die Ameisen und ihre Larven.

Was macht ein Delfin im Amazonas?

In den Flüssen der Amazonas-Region schwimmen bis zu 3.500 verschiedene Fischarten. Außerdem sind sie das Reich vieler anderer Tierarten – sogar von rosa Flussdelfinen.

Auch zahlreiche Schlangenarten bewegen sich gekonnt durch das Wasser. Die blutrünstigen Piranhas sind dagegen ein Mythos des Regenwaldes. Diese grau-orangefarbenen Fische ernähren sich überwiegend von kleineren Fischen, Weichtieren, Früchten und Sa-

men. Nur in der Trockenzeit werden sie gefährlich, wenn sie sich in Gruppen zusammenschließen, um Nahrung zu erbeuten.

Die kuriosen Basiliske leben zwar nicht im Wasser, können aber über seine Oberfläche rennen, um dort auf breiten Füßen mit Schuppen zwischen den Zehen ihre Beute zu verfolgen oder vor Gefahren zu flüchten.

Fliegende Frösche und Schlangen

Die Kronenregion ist der Raum im Regenwald, den die meisten Tiere bewohnen. Sie befindet sich zwischen 25 und 45 Metern Höhe über dem Waldboden. Hier leben neben fliegenden Fröschen und Schlangen auch fliegende Geckos und Flugdrachen. Die Frösche haben für ihren Gleitflug durch diese Höhen Häute zwischen ihren Zehen, die sie wie einen Fallschirm aufspannen können. Einige Vertreter dieser Tierart verlassen die Baumkronen ihr ganzes Leben lang nicht. Sie pflanzen sich auch auf den Bäumen fort. Dafür legen sie ihre Eier in die großen wassergefüllten Trichter der Bromelien. Dort wachsen die kleinen Kaulquappen heran und verlassen den Trichter erst dann, wenn sie ausgewachsen sind.

Die Schmuckbaumnattern wohnen in den Wäldern Südostasiens. Sie gleiten im Sturzflug durch die Kronen von Baum zu Baum. Dazu machen sie ihren Körper flach wie ein Segel und halten sich mit wellenförmigen Bewegungen in der Luft.

Besonders beeindruckend ist auch die Vielzahl an Schmetterlingen im Regenwald. Einige bringen es auf eine Spannweite von bis zu 30 Zentimetern und sind damit die größten der Welt.

Die Wolkenkratzer des Waldes

Auch im obersten Stockwerk des Urwaldes, in 60 Metern Höhe, gibt es vielfaches Leben. Dieser Raum wird durch die höchsten Baumriesen gebildet. Es sind langsam wachsende Arten wie Kapok, Paranuss und Mahagoni. Ihre Kronen ragen wie Inseln aus dem Blättermeer des darunterliegenden Stockwerks. Über die Bewohner dieser schwer zugänglichen Höhen ist wenig bekannt. Flughunde und Affen können auch ohne Zugang zu diesem Lebensraum entdeckt werden. Ebenso wie die in Schwärmen lärmend umherfliegenden Sonnensittiche, die imposanten Aras und Harpyien, die zu den größten Greifvögeln der Erde gehören. Sie erbeuten Faultiere, Aras oder Nasenbären. Doch die hier und in der Kronenregion lebenden Insekten sind bis heute weitgehend unerforscht.

Medizin aus den Pflanzen des Regenwaldes

Seit Tausenden von Jahren nutzen die Bewohner des tropischen Regenwaldes seine Pflanzen als Medizin. Die Regenwälder sind die größte Naturapotheke der Welt. So wird der rote Milchsaft des Drachenblutbaumes als heilendes „Flüssigpflaster" mit entzündungshemmender Wirkung eingesetzt. Aus dem Chinarindenbaum lässt sich Chinin gewinnen. Dieses Mittel gegen Malaria nutzen die Bewohner der Regenwaldes schon lange zur Behandlung des Fiebers. Die Kalabarbohne aus den Wäldern im Westen Afrikas wird in Arzneien gegen den Grünen Star und gegen Bluthochdruck verwendet. Regenwald-Pflanzen liefern auch sehr viele Wirkstoffe für die Krebstherapie.

Doch nicht nur die Menschen nutzen die Pflanzen-Apotheke. Auch Orang-Utans wissen, welches Kraut gegen Malaria oder Migräne gewachsen ist. In einem Revier von 300 Hektar kennt der Orang-Utan jeden Baum und jede Pflanze und merkt sich genau, wann wo welche Früchte reif sind.

Folgen der Zerstörung des Regenwaldes

Jedes Jahr nimmt die Waldfläche auf der Erde um 13 Millionen Hektar ab, der größte Teil in den Tropen. Zwischen 2001 und 2010 wurden pro Jahr 10,4 Mio. Hektar Tropenwälder abgeholzt, davon

6,3 Mio. Hektar Primärwälder. Jede Minute fällt eine Waldfläche vom Ausmaß von 40 Fußballfeldern den Motorsägen, Bulldozern und Brandrodungen zum Opfer – für die Holz- und Möbelindustrie ebenso wie für riesige Plantagen aus Ölpalmen, Zuckerrohr und Soja. Auch für Gold- und Kupferminen, Erdölförderung und Staudämme stirbt die grüne Lunge unserer Erde.

Orang-Utans, Tiger und Tukane brauchen den Wald zum Leben. Mit jedem abgeholzten Waldstück sterben wahrscheinlich einige Tier- und Pflanzenarten unwiderruflich aus – jeden Tag sind es geschätzt etwa 150 Arten. Das Resultat nach einem Jahr ist vergleichbar mit der Zerstörung der kompletten Natur Deutschlands.

Folgen für die Ureinwohner

Für 60 Millionen Ureinwohner ist der Regenwald Heimat und spiritueller Ort – und die Quelle für Nahrung, Medizin und Hausbau. Sie leben in Harmonie mit der Natur, ohne sie zu zerstören und sind in höchstem Maß auf den Wald angewiesen. Die Organisation *Survival International* berichtet von rund 150 indigenen Gruppen, die die Wälder ohne jeden Kontakt zur Außenwelt bewohnen, in freiwilliger Isolation, zum Beispiel die Awá im brasilianischen Amazonasgebiet. Durch die Zerstörung des Waldes, aber auch durch Zuwanderung und eingeschleppte Krankheiten ist ihre Lebensweise und oftmals sogar ihr Überleben bedroht. Insgesamt leben nach Angaben der Welternährungsorganisation FAO 300 Millionen Menschen in Waldgebieten.

Aber nicht nur für Völker des Regenwaldes ist der zunehmende Verlust der Waldfläche eine Gefahr. Wir alle verlieren mit ihm die „grüne Lunge" der Erde. Als wichtigen CO_2-Speicher brauchen wir den Regenwald, um das Weltklima zu regulieren. Wenn die Regenwaldgebiete dieser Welt versteppen oder verwüsten, hat das sogar Auswirkungen bis nach Europa. Zudem verliert die Menschheit mit jeder aussterbenden Pflanze oder Tierart einen wunder-

baren Schatz. Dieser ist im Gegensatz zu lösbaren Umweltproblemen für immer verloren.

Was tut Rettet den Regenwald?

Rettet den Regenwald setzt sich seit 1986 für den Erhalt dieses einzigartigen Ökosystems ein. Wir wollen den Wald und seine Bewohner – Menschen, Tiere und Pflanzen – vor den kurzfristigen Interessen verschiedener Industrien zu schützen. Dafür unterstützen wir Basisgruppen direkt vor Ort, die sich für Waldschutz, die Rechte der Indigenen, sozialen Fortschritt und eine umwelt- und sozialverträgliche Entwicklung einsetzen. Mit unseren Protestkampagnen gegen den Raubbau schaffen wir ein Bewusstsein in der Öffentlichkeit und fordern die Verantwortlichen mit der Übergabe der gesammelten Unterschriften direkt zu einer Kurs-Korrektur auf. Mit den Spenden fördern wir den Kauf und Erhalt von Regenwaldflächen sowie – wenn notwendig – juristische Schritte zum Schutz des Waldes. Wir betreiben Informationsarbeit zur Beteiligung Deutschlands an der Regenwaldzerstörung, zeigen Ursachen auf und benennen die Täter. Mit Informationsarbeit für VerbraucherInnen regen wir bewusstes Kaufverhalten an.

Wie kann ich den Regenwald schützen?

Sprechen Sie mit Freunden, Bekannten und der Familie über den Regenwald und die Bedrohung. Machen Sie sie auf die Arbeit von Rettet den Regenwald aufmerksam und regen Sie sie zur Unterstützung unserer Protestaktionen an – jeder kann sich beteiligen! Unterstützen Sie die Arbeit von Rettet den Regenwald mit einem Spendenabo oder gezielten Einzelspenden.

Beteiligen Sie sich an unseren Protestaktionen. Wir stellen Ihnen auch gerne Listen zum Ausdrucken zur Verfügung, die Sie am Arbeitsplatz, in der Schule oder in Ihrem Laden auslegen können. Kostenlos erhalten Sie Exemplare des Regenwald-Reports, den Sie auch öffentlich auslegen können. Organisieren Sie Spendensammlungen in der Schule, Uni oder bei der Arbeit. Mit solchen Informationsveranstaltungen werden mehr Menschen auf den wichtigen Schutz des Regenwaldes aufmerksam und Sie unterstützen unsere Arbeit direkt mit einer Spende. Informieren Sie sich auf unseren Themenseiten darüber, wie sich Ihr Konsumverhalten auf den Regenwald auswirkt und ob es Alternativen zu umweltschädlichen Produkten gibt: www.regenwald.org

Die menschengemachte Klimakatastrophe ist Realität und längst im Gange. Wir spüren die Auswirkungen bereits deutlich: Was früher als „Jahrhundertsommer" galt, ist der neue Durchschnitt. Winter ohne Schnee oder mit arktischen Temperaturen – jeder merkt, dass das Klima durcheinander geraten ist. Regenwälder sind dabei auf vielfältige Weise mit dem Klimasystem verwoben: die Vernichtung der Wälder heizt die Klimakatastrophe an, Wälder leiden unter den Veränderungen – und sind zugleich Schlüssel zum Klimaschutz.

Klima und Regenwald

Wie das Klima und der Regenwald zusammenhängen

Regenwälder sind komplexe Ökosysteme, in dem Pflanzen, Pilze und Tiere eng miteinander vernetzt sind. Für das lokale und globale Klima spielen sie eine herausragende Rolle. Pflanzen nehmen das Treibhausgas Kohlendioxid (CO_2) aus der Luft auf. Mit Hilfe von Wasser und Sonnenlicht bilden sie Zucker und daraus andere Pflanzenbausteine. So wird Kohlenstoff in Stämmen, Blättern und Wurzeln gebunden. Frei werdender Sauerstoff wird an die Atmosphäre abgegeben. Den gesamten Prozess nennt man Photosynthese.

Schätzungen zufolge binden Regenwälder 250 Milliarden Tonnen CO_2, ein großer Teil davon in Torfwäldern. Das entspricht global betrachtet dem 90-fachen der menschengemachten Treibhausgas-Emissionen pro Jahr. 40 Prozent des Sauerstoffs in der Atmosphäre stammen aus den Regenwäldern. Das Bild der Wälder als „Lungen der Erde" ist zwar nicht ganz stimmig, jedoch einprägsam.

Regenwälder produzieren die hohen, auf das Jahr gleichmäßig verteilten Niederschläge zu einem großen Teil selbst. Ein wichtiger

Quelle: Oxfam

Aspekt ist dabei die Evapotranspiration, also die Feuchtigkeit, die die Pflanzen über die Blätter abgeben. In den Wäldern ist es zwar heiß und schwül, die Wolken strahlen jedoch einen großen Teil des Sonnenlichts in die Weltraum zurück – und kühlen somit die Atmosphäre. Ohne diesen Effekt wäre es in den Gebieten noch wärmer.

Doch die Regenwälder können ihre Funktion als Klimastabilisator immer weniger erfüllen. Im Gegenteil: Ihre Vernichtung etwa für Plantagen, Weiden oder Bergbauprojekte setzt große Mengen Treibhausgase frei. So haben die Waldbrände in Indonesien 1997 ein Drittel der gesamten globalen Emissionen ausgemacht. Besonders verheerend wirkt sich die Zerstörung von Torfwäldern aus.

Laut einer im Magazin *Nature* veröffentlichten Studie könnten sich die Regenwälder allein aufgrund sich verändernder klimatischer Verhältnisse und Wachstumsbedingungen ab dem Jahr 2035 von CO_2-Speichern zu CO_2-Quellen entwickeln – und die Klimakatastrophe weiter antreiben.

Weil das Ökosystem Regenwald vielfältig verwoben ist, kann das gesamte Geflecht leiden, wenn es an einer Stelle beschädigt wird. So etwa beim Wasserkreislauf. Treten infolge der globalen Klimaveränderungen trockenere Perioden auf, was bereits beobachtet wird, kann dieser Kreislauf zusammenbrechen. Die immergrünen, üppigen Regenwälder werden zu artenärmeren Savannen. Das lokale Klima ändert sich: es wird trockener und heißer.

Besonders bedrohlich sind die 18 so genannten Kipppunkte im Klimasystem: Hat beispielsweise in Amazonien die Klimaveränderung ein bestimmtes Ausmaß erreicht, ist der Prozess und dabei der Verlust des Regenwalds in der heutigen Form nicht mehr zu stoppen.

Klar ist: Die Klimakatastrophe ist vom Menschen gemacht. 98 Prozent der Wissenschaftler, die sich mit der Klimathematik befassen, stimmen dem zu. Weil das Klima ein hochkomplexes System ist, entdecken Forscher laufend neue Zusammenhänge, interpretieren Daten unterschiedlich, revidieren Prognosen. Das ist in der Wissenschaft völlig normal. Die Erkenntnisse der Klimatologen werden allerdings immer alarmierender.

Regenwaldschutz ist Klimaschutz

Für den Klimaschutz müssen Regenwälder erhalten werden, weil ihre weitere Vernichtung die Katastrophe verschlimmern würde und sie als Kohlenstoff-Speicher unverzichtbar sind. Klimaschutz ist somit Regenwaldschutz und umgekehrt.

Wir müssen Regenwälder erhalten und Schäden heilen. Wälder sind dabei mehr als Kohlenstoffspeicher und -senken, nämlich vielfältige Ökosysteme und Lebensraum von Millionen Menschen.

Wir müssen das Klima schützen und gleichzeitig die Biodiversität bewahren. Klimakatastrophe und Artensterben sind zwei existentielle Krisen, die wir Hand in Hand bewältigen müssen.

Wir müssen die Rechte indigener Völker, die in Regenwaldgebieten leben, stärken. Sie sind häufig die besten Waldschützer.

Wir müssen unsere Lebens- und Wirtschaftsweise grundlegend ändern. Wir müssen unseren Verbrauch von Energie, Nahrungsmitteln, Rohstoffen senken, statt ihn mit „grünen Produkten" aufrecht zu erhalten. Wir müssen aufhören, Kohle, Erdöl und Erdgas zu verfeuern.

Wir müssen falsche Klimapolitik reformieren: Wir müssen den Irrweg von Biotreibstoffen, insbesondere wenn sie auf Palmöl, Soja oder Zuckerrohr basieren, beenden und die Verfeuerung von Bäumen in Kraftwerken stoppen.

Wir sagen Nein zum „Ablasshandel" mit Offset-Programmen, bei denen beispielsweise Firmen Umweltschutzmaßnahmen bezahlen, um im Gegenzug weiterhin Treibhausgase emittieren zu dürfen. Wir lehnen angeblich klimaschonendere Brücken-Technologien wie den Ersatz von Kohle durch Erdgas ab.

Nach der Covid-Pandemie müssen wir Wirtschaft und Gesellschaft umweltverträglich umgestalten. Es darf keine „Konjunkturprogramme“ mit alten Rezepten geben.

Covid hat gezeigt, dass wir angesichts einer existentiellen Krise schnelle und tiefgreifende Veränderungen schaffen können.

Kipp-Punkte

Höhere Treibhausgase in der Atmosphäre haben nicht überall dieselben Auswirkungen. Auch gehen Veränderungen nicht überall in der gleichen Geschwindigkeit voran. Wissenschaftler sprechen von Kipp-Punkten, Kipp-Elementen oder tipping points. Sie unterscheiden bislang 18 Kipppunkte, unterteilt in drei Gruppen: Veränderungen in Eiskörpern, in Strömungssystemen und in Ökosystemen.

Kipp-Punkt Amazonien

Einer der Kipp-Punkte liegt in Amazonien: Haben wir Menschen ein bestimmtes Maß an Regenwaldvernichtung angerichtet, bricht das Ökosystem unaufhaltsam und unwiederbringlich zusammen. Dann geht neben der immensen Artenvielfalt einer der wichtigsten Klimastabilisatoren verloren, in dem ein Viertel des Kohlenstoff-Austausches zwischen Atmosphäre und Biosphäre der Welt stattfindet.

Die Ursache liegt vor allem in der Funktionsweise des Wasserkreislaufs. Der Regenwald produziert große Teile des Niederschlags selbst. Bildlich gesprochen verdunstet ein Wassertropfen auf dem Weg vom Atlantik über das Amazonasbecken zu den Anden fünf- bis sechsmal. Durch die fortschreitende Rodung der Wälder und die bereits begonnene Klimaerwärmung kann dieser Kreislauf entscheidend geschwächt werden. Der immergrüne Regenwald würde sich in einen an die Trockenheit angepassten saisonalen Wald oder eine Savanne verwandeln.

Manchen Studie gehen davon aus, dass Amazonien kippt, sobald 20 bis 25 Prozent des Waldes zerstört wurden. Anderen Forschungen zufolge ist dieser Kipp-Punkt bereits erreicht. Ein Zeichen dafür sind auftretende Dürreperioden. Womöglich ist Amazonien schon zu einer Quelle (statt wie bisher Senke) von Treibhausgasen geworden, insbesondere auch von Methan und Stickoxiden.

Dominoeffekte

Die Kipp-Punkte darf man zudem nicht isoliert verstehen, sondern muss Dominoeffekte betrachten:

Auch ein Kippen des Westafrikanischen Monsuns könnte verheerende Folgen für Amazonien haben. Durch eine regionale Verschiebung könnte die Sahara ergrünen und damit würde die Düngung des Regenwaldes in Südamerika durch Wüstenstaub, der über den Atlantik geweht wird, ausbleiben.

Ebenso könnte ein Schmelzen des Eises auf Grönland den Salzgehalt im Atlantik derart senken, dass das Strömungssystem Atlantic Meridional Overturning Circulation (AMOC) erlahmt und es viele tausend Kilometer entfernt in Amazonien trockener wird.

Wie das Amazonasbecken sind auch die Nordischen Nadelwälder auf der Liste der Kipp-Punkte. Diese borealen Wälder insbesondere in Russland und Kanada machen immerhin fast ein Drittel der weltweiten Waldfläche aus. Auch ihr Verschwinden würde die Klimakatastrophe erheblich beschleunigen. Bedroht sind diese Wälder durch Abholzung und Effekte des Klimawandels wie Trockenheit, die wiederum Feuer und Schädlingsbefall fördert.

Die Autoren des Nature-Texts „Climate tipping points — too risky to bet against" sprechen angesichts der Kipp-Elemente von einem „planetaren Katastrophenfall" und einer „existentiellen Bedrohung für die Zivilisation".

Massensterben von Tier- und Pflanzenarten

Waldbrände, Überschwemmungen, Dürren und Hitzewellen — die Klimakrise ist real. Bei uns und weltweit. Weniger präsent ist das Massensterben von Tier- und Pflanzenarten, obwohl eine Million Spezies auf der Kippe stehen. Dabei sind die beiden existentiellen Krisen eng verwoben und verstärken einander. Wir müssen sie Hand in Hand anpacken.

Wir Menschen sind talentierte Zerstörer. Nehmen wir das Klima. Wir blasen Treibhausgase in die Atmosphäre, als müsste uns das Morgen nicht kümmern. Unablässig, obwohl uns Wissenschaftler seit Jahrzehnten vor der Klimakatastrophe warnen, die wir auslösen.

Doch das Klima zu ruinieren scheint uns Menschen nicht genug: Wir zerstören auch die Vielfalt des Lebens auf unserem Planeten. Indem wir Raubbau treiben, etwa Regenwälder roden, nehmen wir ungezählten der Tier- und Pflanzenarten den Lebensraum.

Doppelte Bedrohung für Schimpansen, Bonobos und Gorillas

So kämpfen die vom Aussterben bedrohten Schimpansen, Bonobos und Gorillas gewissermaßen tapfer und an vorderster Front gegen das Massensterben. Wir könnten ungezählte weitere Spezies bewahren, wenn wir ihren Lebensraum schützen.

Doch das wird nicht genügen: Die Klimakrise droht ihnen vollends den Garaus zu machen. Bildlich gesprochen bringt die neue Affenhitze die Primaten nicht nur zum Schwitzen, sondern raubt ihnen den bisherigen Lebensraum. Dann hilft auch wenig, wenn wir lediglich ihr bisheriges Habitat erhalten.

Der Fall zeigt, wie eng Klima und Biodiversität miteinander verknüpft sind. Ein Zusammenhang, der oft übersehen wird.

Artensterben – Eine Million Spezies bedroht

Eine Million Spezies könnten in naher Zukunft vom Antlitz der Erde verschwinden, schätzt die UN. Auf 75 Prozent der Landfläche der Erde sind die Ökosysteme gefährdet. Besonders betroffen davon sind Korallenriffe und Regenwälder. Die Erde hat bereits fünf Massensterben erlebt, das bisher letzte markierte das Aus für die Dinosaurier, die die Erde zuvor über viele Millionen Jahre beherrscht hatten. Die Evolution setzte gewissermaßen von neuem an. Nun bricht zum sechsten Mal die Biodiversität zusammen – diesmal hat der Mensch durch seinen rücksichtslosen Umgang mit der Natur das Drama ausgelöst.

Doch das sich ändernde Klima wird im Zusammenhang mit dem aktuellen Artensterben allenfalls als Randnotiz thematisiert. Ein Fehler, denn die Klimakatastrophe verursacht nicht nur Flutkatastrophen, Hitzewellen und extrem kalte Winter, sondern ändert die Lebensbedingungen von Tieren und Pflanzen rund um den Globus grundlegend.

Auch für die Zukunft von Afrikas Menschenaffen ist das Klima ganz entscheidend: Mit dem Temperaturanstieg und häufiger werdenden Dürren wird die Zusammensetzung der Flora und somit das Nahrungsangebot für die Tiere durcheinander gewürfelt. Neuen Forschungen zufolge schrumpft ihr Lebensraum selbst dann um 85 Prozent, wenn es gelingt, den globalen Temperaturanstieg auf 1,5 Grad zu bremsen. Versagen wir dabei, verschwindet ihr Habitat nahezu komplett. Ob unsere nahen Verwandten im Tierreich aussterben, hängt auch damit zusammen, wie ernst wir den Schutz des Klimas nehmen.

Was für Primaten zutrifft, kann als Regel gelten: Die Klimakrise und das Massensterben sind zwei vom Menschen verursachte, existentielle Krisen, die mit vielerlei Wechselwirkungen gleichzeitig ablaufen. Keine ist harmloser als die andere, keine nachrangig. Wir müssen sie Hand in Hand anpacken.

Wie intensiv das Klima und die Vielfalt des Lebens – die Biodiversität – verflochten sind, lässt sich in den Regenwäldern studieren. Nirgends auf der Welt gibt es mehr Tier- und Pflanzenarten als dort. Auf einem Hektar im Yasuní-Nationalpark in Ecuador

gedeihen mehr Baumarten als in ganz Nordamerika. Auf einem einzigen Urwaldriesen leben mehr Insektenspezies als zwischen Nordkap und Gibraltar. Zugleich spielen die intakten Wälder am Äquator als Kohlenstoffspeicher und Regenmacher eine wichtige Rolle im Klimageschehen und eine Schlüsselrolle ihm Kampf gegen die Klimakatastrophe. So nehmen sie das Treibhausgas Kohlendioxid (CO_2) aus der Luft auf und lagern den Kohlenstoff dauerhaft ein.

Kohlenstoffspeicher Regenwald

Schätzungen zufolge binden Regenwälder 250 Milliarden Tonnen CO_2, einen großen Teil davon in Torfwäldern. Das entspricht global betrachtet dem 90-fachen der menschengemachten Treibhausgas-Emissionen pro Jahr. 40 Prozent des Sauerstoffs in der Atmosphäre stammen aus den Regenwäldern. Das Bild der Wälder als „Lungen der Erde" ist zwar nicht ganz stimmig, jedoch einprägsam.

Doch die Regenwälder können ihre Funktion als Klimastabilisator immer weniger erfüllen. Im Gegenteil: Ihre Vernichtung etwa für Plantagen, Viehweiden und Bergbauprojekte setzt große Mengen der Treibhausgase CO_2, Methan und Stickoxide frei. Besonders verheerend wirkt sich die Zerstörung von Torfwäldern aus. Laut einer im Magazin *Nature* veröffentlichten Studie könnten sich die Regenwälder zudem auch aufgrund sich verändernder klimatischer Verhältnisse ab dem Jahr 2035 von CO_2-Speichern zu CO_2-Quellen entwickeln – und die Klimakatastrophe weiter antreiben. In Amazonien ist das offenbar bereits der Fall.

UN-Gremien zum Klimarat und zur Biodiversität

Doch die Regierungen der Erde und ihre Berater bis hin zu den Vereinten Nationen vernachlässigen den Zusammenhang zwischen der Klimakrise und dem Massensterben. Die UN-Gremien zum Klimarat und zur Biodiversität leben gewissermaßen in ihren eigenen Welten: Beide laden unabhängig voneinander zu Weltgipfeln ein, wo die Staaten Fahrpläne für die Rettung des Planeten festlegen – im Oktober wollen sie das Massensterben stoppen,

im November dann die Klimakatastrophe. Es wird an Umweltschutzorganisationen liegen, die beiden Themen zeitgleich auf die Tagesordnung zu bringen.

Erstmals überhaupt haben Experten beider UN-Gremien im Juni 2021 ein gemeinsames Papier vorgelegt. Warum das nicht früher geschehen ist, ist kaum zu verstehen. Als müssten sie Versäumtes aufholen, werden die Wissenschaftler in ihrem Werkstatt-Bericht deutlicher als zuvor: Falsch verstandener Klimaschutz kann die Biodiversität schädigen. Was das Klima schont, kann erhebliche ökologische Schäden anrichten.

Falsch verstandener Klimaschutz

So mögen Elektroautos gut fürs Klima sein, weil sie während der Fahrt kein CO_2 ausstoßen. Der Abbau der Rohstoffe, insbesondere Aluminium für die Karosserie und Lithium für die Batterien, verursacht jedoch immense Verwüstungen. Wenn für vermeintlich klimafreundlichen Biosprit und Holzpellets Wälder und Grasländer zerstört werden, ist das verheerend für die Biodiversität. In Monokulturen von Palmöl, Mais oder Akazien bleibt von der Vielfalt des Lebens nichts übrig, die „grünen Wüsten" sind ökologisch von geringem Wert. Selbst der Nutzen für das Klima ist zweifelhaft. So nehmen alte Wälder mehr Klimagase auf und speichern sie, als es Baumplantagen können. Zudem setzen Pellets bei ihrer Verbrennung jetzt CO_2 frei, das erst im Laufe von Jahrzehnten der Atmosphäre wieder entnommen wird. Zu spät für das 1,5-Grad-Ziel der Klimadiplomatie.

Grundsätzlich klingt es nach einer guten Idee, Bäume zu pflanzen, um CO_2 zu speichern. Doch die falsche Art am falschen Standort schadet mehr als sie nutzt. So sind Monokulturen von Kiefern oder Eukalyptusbäumen nicht nur artenarm, sondern gefährden mitunter den Nährstoff- und Wasserkreislauf. Savannen aufzuforsten ist besonders heikel, weil Grasländer komplexe, kohlenstoffreiche Ökosysteme sind – allerdings von Natur aus baumlos.

Um den Krisen zu begegnen, sind Maßnahmen erforderlich, die der Biodiversität und dem Klima zugleich nützen. Und die gibt es: An vorderster Stelle stehen der Schutz und die Instandsetzung von Mangroven und Mooren. Diese Ökosysteme speichern besonders viel Kohlenstoff und sind zugleich äußerst reich an Arten. Das bedeutet umgekehrt, dass die Zerstörung von Torfwäldern etwa in Indonesien besonders schädlich für das Klima ist und sofort gestoppt werden muss.

Rolle von Schutzgebieten

Schutzgebiete spielen eine tragende Rolle bei der Bewahrung von Artenvielfalt und Klima. Daher peilen die unterschiedlichen UN-Gremien fast einmütig an, in den kommenden Jahrzehnten 30 bis 50 Prozent der Erdoberfläche unter Schutz zu stellen. Doch der Slogan „30 Prozent bis 2030" lässt bei Menschenrechtlern Alarmglocken schrillen: Bis zu 300 Millionen Menschen könnten ihre Heimat verlieren, wenn ihre Region plötzlich vor den Bewohnern „geschützt" werden soll, die bisher im Einklang mit der Umwelt

dort leben. Das macht deutlich, dass bei allen Schutzmaßnahmen die Rechte der örtlichen, zumeist indigenen Bevölkerung geachtet werden müssen. Groß ist allerdings die Gefahr, dass Regierungen und einflussreiche Organisationen öffentlichkeitswirksam Reservate ausweisen oder ausweiten und diejenigen missachten, die durch ihre angepasste Lebensweise Regenwälder und andere Naturschätze bewahrt haben.

Schimpansen, Bonobo und Gorillas können sich theoretisch an bisher ungeeignete Landstriche als Lebensraum anpassen. Doch die Menschenaffen bräuchten dazu viele Jahre. So viel Zeit haben sie nicht.

Was wir tun müssen

- Regenwälder erhalten: Wälder sind mehr als Kohlenstoffspeicher und -senken, sondern vielfältige Ökosysteme und Lebensraum von Millionen Menschen.

- Rechte indigener Völker stärken. Sie schützen den Wald häufig am besten.

- Lebens- und Wirtschaftsweise grundlegend ändern: Wir müssen unseren Verbrauch von Energie, Nahrungsmitteln, Rohstoffen senken.

- Falsche Klimapolitik reformieren: Der Irrweg von Biotreibstoffen, insbesondere wenn sie auf Palmöl, Soja oder Zuckerrohr basieren, muss beendet und die Verfeuerung von Bäumen in Kraftwerken gestoppt werden.

- Nach der Covid-Pandemie: Wir müssen Wirtschaft und Gesellschaft umweltverträglich umgestalten. Es darf keine Konjunkturprogramme geben, um den Konsum anzukurbeln.

Die Wälder der Erde speichern mit 438 Gigatonnen gewaltige Mengen Kohlenstoff. Fast zwei Drittel entfallen auf die tropischen Wälder. Der Erhalt der Wälder ist sehr wichtig für den Klimaschutz. Wir müssen daher die weltweite Abholzung und Plünderung der Wälder dringend stoppen.

Über den Kohlenstoff

Das Leben auf der Erde besteht aus Kohlenstoff – alle Pflanzen, Pilze und Tiere sind aus organischen Kohlenstoffverbindungen aufgebaut. Pflanzen binden Kohlendioxid bei der Fotosynthese aus der Luft und bilden daraus Biomasse. Pilze und Tiere, die sich von Pflanzen ernähren, nehmen den Kohlenstoff in ihren Körper auf.

Die Vegetation der Erde entzieht der Atmosphäre große Mengen Kohlendioxid (CO_2) und fixiert diesen in der Biomasse. 438 Gigatonnen Kohlenstoff (Gt C) sind in der Vegetation der Erde enthalten. Und natürlich sind auch die Ozeane wichtige Kohlenstoffspeicher.

Werden die Wälder gerodet, abgebrannt, die Böden freigelegt und Moore ausgetrocknet, zersetzt sich die Biomasse und der darin enthaltene Kohlenstoff entweicht als CO_2 in die Atmosphäre. 839 Gigatonnen Kohlenstoff sind aktuell in der Erdatmosphäre enthalten – mit steigender Tendenz.

Dazu eine Anmerkung: Um die Werte direkt vergleichen zu können, bezieht sich die Mengenangabe auf den Kohlenstoffanteil, der im Kohlendioxid in der Luft enthalten ist.

Woher stammt das CO_2 in der Erdatmosphäre?

Die rasante Zunahme von Kohlenstoff in der Erdatmosphäre begann mit der industriellen Revolution. Um 1750 betrug er noch 589 Gt C. Damit befinden sich heute 250 Gt C mehr in der Atmosphäre als vor 250 Jahren.

8,9 Gt C setzt die Menschheit aktuell jedes Jahr frei. Die Hauptmenge entfällt mit 7,8 Gt C jährlich darauf, dass wir fossile Energieträger wie Erdöl, Erdgas und Kohle verbrennen und Unmengen an Zement für die Bauindustrie produzieren. Indem wir Wälder und andere Ökosysteme abholzen und niederbrennen, Moore trockenlegen und humusreiche Böden für die Landwirtschaft in Beschlag nehmen, setzen wir 1,1 Gt C pro Jahr frei.

Natürliche Kreisläufe in Vegetation, Böden und Meeren sorgen dafür, dass gut die Hälfte – 4,9 Gt C pro Jahr – der Atmosphäre wieder entzogen werden. So binden die Ozeane pro Jahr etwa 80,6 Gt C und emittieren 78,4 Gt C, womit deren Netto-Kohlenstoffbindung 2,3 Gt C pro Jahr beträgt. Die Vegetation der Landflächen bindet pro Jahr 123 Gt C und setzt 119 Gt C frei. Damit beträgt deren Netto-Kohlenstoffbindung 2,6 Gt C pro Jahr.

Daraus folgt am Ende, dass durch menschliche Aktivitäten derzeit pro Jahr etwa 4,1 Gigatonnen Kohlenstoff mehr freigesetzt als durch natürliche Prozesse wieder gebunden werden.

Welche Folgen hat der Klimawandel

Das von uns freigesetzte Kohlendioxid hält die Wärmeabstrahlung der Erde in der Atmosphäre zurück und ist neben anderen freigesetzten klimarelevanten Gasen (wie z.B. Methan, Lachgas usw.) für die weltweite vom Menschen verursachte Klimaerwärmung verantwortlich.

Viele Menschen glauben, dass die Klimaveränderungen nicht so schlimm seien und ein paar Grad mehr auf der Erde – besonders in kühleren Gebieten – sogar gut wären. Was sie dabei übersehen: Die Klimaveränderungen haben gewaltigen Einfluss auf unser Leben. Extreme Wetterereignisse wie schwere Stürme, Dürren, heftige Niederfälle nehmen dadurch an Stärke und Häufigkeit zu – eine enorme Bedrohung für die Menschheit, unsere Infrastruktur und Ernährung.

Noch bedrohlicher ist das Abschmelzen der Polkappen und Gletschermassen. Der Wasserspiegel der Ozeane wird dadurch um

viele Meter steigen und die dichtbesiedelten Küstengebiete unter Wasser setzen. Städte wie Hamburg und Bremen sowie Teile der norddeutsche Tiefebene gehen dadurch verloren.

Erhalt und Schutz der natürlichen Ökosysteme, Böden und Ozeane ist deshalb nicht nur zur Bewahrung der Biodiversität wichtig, sondern auch, um das Klima der Erde vor dem Kollaps und die Küstengebiete vor der Überflutung zu bewahren.

Kohlenstoffspeicherung einzelner Ökosysteme

Die Wälder und Naturlandschaften der Erde speichern unterschiedlich viel Kohlenstoff. Wir haben hier die verschiedenen Ökosysteme zusammengestellt:

Tropische Regenwälder

speichern insgesamt 262 Gigatonnen Kohlenstoff (Gt C) – das sind zwei Drittel der weltweit in der Vegetation fixierten Gesamtmenge von 483 Gt C. Pro Hektar Regenwald sind das zwischen 120 und 400 Tonnen Kohlenstoff, abhängig von der Vegetation und den Böden.

Zum Vergleich: In den Wäldern der gemäßigten Klimazonen stecken 47 Gt C, in den borealen Wäldern 54 Gt C.

Torfmoore und tropische Torfmoorwälder

Besonders viel Kohlenstoff ist in den Humusschichten der Böden gebunden. Viele Ökosysteme lagern immer dicker werdende Schichten abgestorbener Biomasse ab. Bei Torfmoren kann die Humusschicht bzw. die organische Masse viele Meter Dicke erreichen und ungeheure Mengen Kohlenstoff speichern.

Torfmoorwälder in Indonesien zum Beispiel binden bis zu 6000 Tonnen Kohlenstoff pro Hektar. In keinen Land gibt es mehr Torfmoorwälder als dort. Auf rund 22 Millionen Hektar – fast zehn Prozent der Landesfläche – bedecken sie viele tief liegende, küstennahe Gebiete auf Sumatra, Borneo und Neuguinea (West-Papua). Dort werden sie vor allem für Ölpalm- und andere industrielle Holzplantagen gerodet und verbrannt.

Die Zerstörung von Torfmoorwäldern trägt weltweit mit mehr als drei Milliarden Tonnen CO_2 pro Jahr zum Klimawandel bei.

Doch auch hierzulande haben Moorbrände verheerende Folgen. Das zeigt das Beispiel aus dem niedersächsischen Meppen, wo die Bundeswehr Anfang September 2018 durch einen Raketentest ein Moor in Brand gesetzt hat: Am 21. September waren bereits acht Quadratkilometer verbrannt. Laut der Organisation Nabu wurden dadurch zwischen 800.000 und 1,4 Millionen Tonnen CO_2 freigesetzt. Das wäre so viel, wie 80.000 bis 144.000 Menschen in Deutschland im Jahr verursachen.

Grasland/Savannen, Steppen und Tundren

speichern ebenfalls gewaltige Kohlenstoffmengen – insgesamt ca. zwölf bis 20 Prozent des Kohlenstoffs. Etwa 25 Prozent der Erde (ca. 3,4 Milliarden ha) sind von diesen Ökosystemen natürlicherweise bedeckt.

Wie bei Torfmooren entfallen bei Grasländern etwa 80 % des im Ökosystem gebundenen Kohlenstoffs auf die Humusschichten der Böden, die häufig einen Meter und mehr Dicke erreichen. Im Gegensatz zu den tropischen Regenwäldern enthält die Vegetation der Grasländer nur etwa 20 % des Kohlenstoffs. Davon ist der größte Teil unterirdisch gespeichert, in Wurzeln und Knollen. Die oberirdische Pflanzenmasse enthält nur 20 bis 40 Prozent Kohlenstoff.

Wenn Grasländer brennen, was in der Natur häufig passiert, wird nur ein kleiner Teil des gebundenen Kohlenstoffs freigesetzt – der in den oberen Pflanzenteilen. Wurzeln und Knollen und auch die Humusschicht werden kaum beeinträchtigt. Schon kurz nach einem Brand schlagen die Pflanzen wieder aus und ersetzen die verbrannten Teile.

Allerdings werden weltweit etwa ein Viertel aller Grasländer intensiv landwirtschaftlich genutzt. Die Humusschichten bauen sich dabei allmählich ab und setzen den gespeicherten Kohlenstoff frei. Der Erhalt der Humusschichten der Böden ist daher eine sehr wichtige Klimaschutzmaßnahme.

Weltmeere

Der weitaus größte Teil des Kohlenstoffs, den unser Planet oberirdisch speichert, ist mit 37.100 Gt C im Wasser der Ozeane gelöst. Davon befinden sich 900 Gt C nahe der Wasseroberfläche im Austausch mit der Atmosphäre.

Weniger als ein Tausendstel des Kohlenstoff befindet sich an der Oberfläche der Erde: Insgesamt 122.576.000 Gigatonnen Kohlenstoff sind in den Gesteinen im Inneren der Erde (Erdkruste und Erdmantel) dauerhaft gespeichert.

Die gespeicherten Kohlenstoffmengen im Überblick
(alle Zahlen in Gigatonnen Kohlenstoff = Milliarden Tonnen):

- Erdkruste/mantel 122.576.000 Gt C = dauerhaft gebunden
- Ozeane 37.100 Gt C
  davon befinden sich 900 Gt C nahe der Wasseroberfläche
  im Austausch mit der Atmosphäre
- Böden bis 1 m Tiefe 1.325 Gt C
  Alle Böden einschl. mehr als 1 m Tiefe 3.000 Gt C
- Vegetation 430 Gt C
  davon Wälder 363 Gt C
  davon tropische Wälder 262 Gt C
  gemäßigte Wälder 47 Gt C
  Boreale Wälder 54 Gt C
- Erdatmosphäre 839 Gt C (2018)

Quelle: USDA, 2017: Considering Forest and Grassland Carbon in Land Management. General Technical Report WO-95: https://www.fs.fed.us/research/publications/gtr/gtr_wo95.pdf

Leere Worthülsen

In Politik und Wirtschaft wird viel über Klima, Nachhaltigkeit und Schutz der Umwelt gesprochen. Neue Begriffe haben Einzug in die Diskussion gehalten. Doch was gut klingt, muss noch lange nicht gut sein. Oft entpuppen sich positive Ausdrücke bei genauerer Betrachtung als leere Worthülse oder als das Gegenteil von dem, was sie eigentlich beschreiben. Eine Auswahl:

Net-zero und klimaneutral

Net-zero und klimaneutral will sagen, dass zu einem bestimmten Zeitpunkt – zumeist 2030 oder 2050 – das Klima nicht zusätzlich belastet wird, weil Treibhausgase irgendwie vermieden oder aufgefangen werden.

In Realität heißt es jedoch nicht viel, wenn Umweltsünder (im globalen Norden) darauf setzen, dass irgendjemand (im globalen Süden) ihre Schäden repariert. Auch der Zeitrahmen ist wichtig:

Kommen Emissionen jetzt frei, werden aber erst in Jahrzehnten aufgefangen, ist die Null unterm Strich wertlos.

„nature-based-solutions“

„nature-based-solutions“: Die Natur als Lösung aller Probleme. Das klingt schön, weil es nach Respekt vor der Kraft der Natur klingt. Wer mag da widersprechen?

Doch Vorsicht, die Natur ist kein bloßes Reparaturwerkzeug. Viele dieser Lösungen missachten zudem die Rechte der örtlichen Bevölkerung: Werden Wälder, in denen Indigene seit Menschengedenken im Einklang mit der Natur leben, zu Schutzgebieten erklärt, kann das zur Vertreibung von Millionen Menschen führen.

Selbstverpflichtungen von Unternehmen

Selbstverpflichtungen von Unternehmen. Viele Unternehmen behaupten, sie hätten die Tragweite der Umweltkrisen und ihre Verantwortung dafür verstanden. Sie hantieren mit Jahreszahlen und Zielmarken, verleihen sich selbst Umweltlogos. Manche geben sich einen neuen, freundlich klingenden Namen.

Misstrauen ist angebracht, weil die Selbstverpflichtungen meist schärfere Gesetze verhindern sollen und nicht eingehalten werden. Unternehmen kontrollieren am Ende selbst, ob sie ihr Versprechen eingehalten haben – und klopfen sich auf jeden Fall auf die Schultern.

Vorsilben Grün und Bio

Die Vorsilben Grün und Bio verstehen sich eigentlich von selbst. Bio ist so positiv besetzt, dass es sogar Bio-Wasser zu kaufen gibt. Grünen Strom zu verschwenden scheint ok. Doch „Grünes Wachstum“, „grüner Bergbau“ – nichts davon gibt es in der Realität. Beides verursacht Schäden an Natur und Klima. Biotreibstoffe stammen zumeist von riesigen, ökologisch wertlosen Monokulturen. Der Titel „Green deal“ der EU macht das Konjunkturprogramm noch lange nicht zum Umweltprogramm.

Die menschengemachte Klimakatastrophe ist Realität und längst im Gange. Wir spüren die Auswirkungen bereits deutlich: Was früher als „Jahrhundertsommer“ galt, ist der neue Durchschnitt. Winter ohne Schnee oder mit arktischen Temperaturen – jeder merkt, dass das Klima durcheinander geraten ist. Regenwälder sind dabei auf vielfältige Weise mit dem Klimasystem verwoben: die Vernichtung der Wälder heizt die Klimakatastrophe an, Wälder leiden unter den Veränderungen – und sind zugleich Schlüssel zum Klimaschutz.

Perspektiven

Rettet den Regenwald blickt in die Zukunft

Regenwälder sind komplexe Ökosysteme mit höchster Biodiversität und sind Lebensraum für Millionen Menschen. Sie sind ein zentraler Bestandteil des lokalen und globalen Klimasystems und spielen eine Schlüsselrolle im Klimaschutz und im Kampf gegen die Klimakatastrophe.

Doch Regenwälder können ihre Funktion als Klima-Stabilisator immer schlechter erfüllen: Durch ihre Vernichtung etwa für Plantagen, Weiden oder Bergbauprojekte gehen zentrale Kohlenstoff-Speicher und -Senken verloren. Stattdessen können sich Regenwaldgebiete zu Quellen von Treibhausgasen entwickeln: insbesondere die Brandrodung und die Nutzung der gerodeten Flächen etwa als Rinderweiden verursachen Emissionen von Kohlendioxid und Methan. Besonders verheerend wirkt sich die Zerstörung der Torfwälder aus.

Von den 18 Kipp-Punkten im globalen Klimasystem betreffen zwei direkt Regenwälder: der Verlust der Wälder Amazoniens und die Verschiebung des Westafrikanischen Monsun.

Der Verlust der Biodiversität und die Klimakatastrophe sind existentielle Krisen.

Klimaschutz ist ohne Regenwaldschutz zum Scheitern verurteilt.

Wir sind mit zwei existentiellen ökologischen Krisen zugleich konfrontiert, die wir durch unsere Lebens- und Wirtschaftsweise selbst verursachen: Die Klimakatastrophe und das Aussterben von Tier- und Pflanzenarten. Laut UN-Klimarat IPCC könnten bis zu 30 Prozent aller Spezies aussterben, wenn sich das Weltklima um 1,5 bis 2,5 Grad Celsius erwärmt. Umgekehrt kann der Verlust von Biodiversität die Klimakatastrophe verschärfen, etwa beim Kipppunkt im Regenwald Amazoniens.

Forderungen zum Klimaschutz

Wir müssen den Verlust der Biodiversität und die Klimakatastrophe gleichzeitig bekämpfen. Es ist gefährlich, eine Krise als wichtiger und dringender zu betrachten. Klimaschutz darf nicht

„kompromisslos“ sein und den Artenschutz als zweitrangig missachten. Beide müssen Hand in Hand gehen, in der Praxis sind Arten- und Klimaschutz jedoch nicht deckungsgleich oder widersprechen einander gar.

- Wir müssen unsere Lebens- und Wirtschaftsweise grundlegend ändern: weg von Wachstumswahn, überbordendem Konsum und der Logik der Naturausbeutung.
- Wir müssen unseren Verbrauch von Energie, Nahrungsmitteln und Rohstoffen senken, statt ihn mit „grünen Produkten“, Offset-Modellen und Konzepten wie Net-Zero oder CO_2-neutral aufrecht zu erhalten.
- Wir dürfen uns nicht von zukünftigen Technologien als Problemlöser blenden lassen. Nötig ist de-growth, nicht green-growth.
- Wir dürfen aus dem Klimaschutz kein Geschäft machen: Wälder sind keine Ware, CO_2 ist keine Währung.

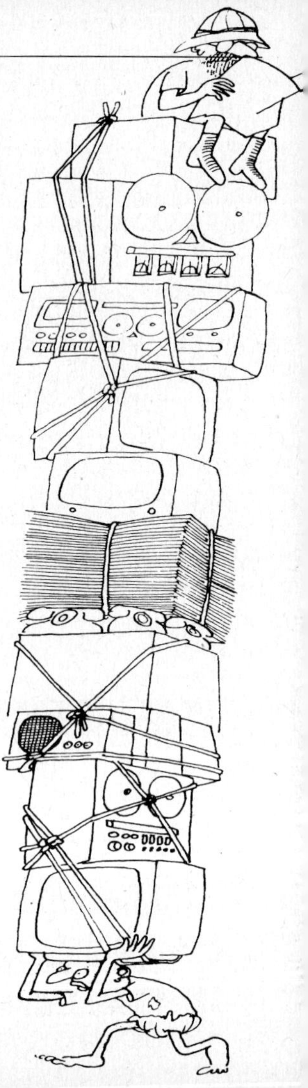

Wir müssen raus aus fossilen Energien

Biomasse und Biotreibstoffe sind oft eine falsche Lösung. Es darf keine Projekte geben, die den Verbrauch fossiler Energien fortsetzen, wie Umbau von Kraftwerken, Erschließung neuer Ölfelder und Minen, Bau von Pipelines. Biokraftstoffe, die auf Palmöl, Soja, Zuckerrohr etc. beruhen, sind keine Lösung. Wälder sind kein Brennmaterial für Kraftwerke.

Wir müssen die Wälder und die Natur erhalten und Schäden heilen. Wie das gelingt, ist nicht trivial. Es ist keine Lösung, wahllos und rekord-heischend Bäume zu pflanzen. So sind Savannen nicht „waldfrei", sondern wertvolle, an den Standort angepasste Ökosysteme.

Wir müssen Wälder zudem als vielfältige Ökosysteme und Lebensraum verstehen, die mehr als Kohlenstoff-Speicher sind. Das Pflanzen von Bäumen muss daher über den Klimaschutz hinaus ökologischen Wert haben. Deshalb scheiden Baum-Plantagen als fake forests aus, die zudem meist schlicht Holzlieferanten sind und nach wenigen Jahrzehnten geerntet werden.

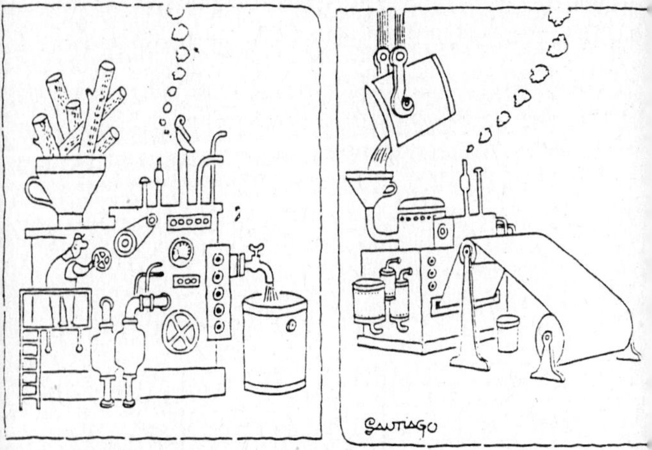

Klimaschutz muss gerecht sein

Klimaschutz darf niemals zu Lasten der Menschenrechte gehen. Wir müssen die Rechte indigener Völker, die häufig die besten Waldschützer sind, sichern und stärken. Häufig wurden und werden Indigene vertrieben oder in ihren Rechten verletzt, um ihr traditionelles Land in Schutzgebiete zu verwandeln, angeblich degradierte Flächen aufzuforsten oder um Ressourcen für „grüne Produkte" abzubauen.

Wir müssen Klimaschutz gerecht gestalten – zwischen den Ländern, Bevölkerungsgruppen, Geschlechtern und Generationen.Für die Klimakatastrophe sind vor allem die – reichen – Industrieländer verantwortlich, sowohl historisch betrachtet als auch heute gemessen am pro-Kopf-Verbrauch. Leidtragend sind hingegen die Menschen in den - armen - Ländern des Globalen Südens, die wenig zur katastrophalen Entwicklung beigetragen haben beziehungsweise beitragen und zudem weniger Ressourcen für den Kampf gegen die Klimakatastrophe und ihre Folgen haben.

- Wir sind daher mehr als andere gefordert, unseren Umweltverbrauch zu senken und die Opfer zu unterstützen.

- Wir brauchen strikte Gesetze, Regulierungen und Verträge. Freiwillige Vereinbarungen oder „Pledges" von Firmen und Staaten werden häufig nicht eingehalten oder dienen gar als Greenwashing. Die Verantwortung für ressourcen- und klimaschonende Entscheidungen darf nicht etwa mit Logos, Siegeln und Zertifikaten auf den Einzelnen abgeschoben werden.

- Wir müssen Wirtschaft und Gesellschaft nach der Covid-Pandemie umweltverträglich umgestalten. Es darf keine Konjunkturprogramme mit alten Rezepten geben. Covid hat zugleich gezeigt, dass wir angesichts einer existentiellen Krise schnelle und tiefgreifende Veränderungen schaffen können.

Neben Extremwetterereignissen verursachen langsam voranschreitende Klimawandelfolgen wie der Meeresspiegelanstieg, die Wüstenbildung oder das Auftauen von Permafrostböden bereits heute hohe ökonomische und nichtökonomische Schäden und Verluste.

Überschwemmte Städte und vertrocknete Äcker

Eine Information von Germanwatch

Im Senegal etwa bedrohen die Auswirkungen des Meeresspiegelanstiegs zusammen mit anderen menschengemachten Faktoren die Weltkulturerbestadt Saint-Louis. Anpassungsmaßnahmen erreichen hier ihre Grenzen und können die Stadt und ihr Umland

nicht mehr komplett vor den immer stärkeren Fluten schützen – Tausende Menschen mussten ihre Häuser bereits verlassen. Bis 2080 werden achtzig Prozent des Gebiets von Saint-Louis von Überschwemmungen bedroht sein, 150 000 Menschen werden dann allein dort umgesiedelt werden müssen. Die meisten Städte an der westafrikanischen Küste, in denen insgesamt rund 105 Millionen Menschen leben, sind in ähnlicher Weise bedroht.

Auch auf dem Land zeichnen sich langfristige Folgen des Klimawandels ab, etwa durch zunehmende Bodenversalzung. Böden versalzen, wenn durch Verdunstung Wasser aus tieferen Bodenschichten (dem Grundwasser) nach oben gezogen wird. Der Klimawandel verstärkt diesen Prozess: Steigende Durchschnittstemperaturen führen zu einer vermehrten Salzablagerung; außerdem kann der Meeresspiegelanstieg in küstennahen Gebieten den Salzgehalt des Grundwassers erhöhen.

Die langsam voranschreitenden Klimawandelfolgen erfordern zum einen effektive Instrumente, die die (besonders verwundbaren) Menschen vor deren Risiken und Auswirkungen schützen. Dazu gehören soziale Sicherungssysteme mit Maßnahmen wie Sozialversicherungen, Beschäftigungsgarantien oder „Nahrungsmittel für Arbeit"-Programmen. Im Senegal etwa werden Fischer, deren Arbeit durch den Meeresspiegelanstieg immer schwieriger wird, von Fischereigenossenschaften und -verbänden durch soziale Dienstleistungsprogramme unterstützt. Sie erhalten zum Beispiel kostenlose Schulungen zum Erwerb neuer Fertigkeiten oder werden im Rahmen der Mangrovenrenaturierung beschäftigt.

Die allmählich sich verschlimmernden Folgen des Klimawandels, sogenannte *Slow-onset-Prozesse*, sind in vielen Ländern schon heute zu erkennen.

Zum anderen bedarf es Lösungen, die Menschen dabei unterstützen, ihre Existenz an einem anderen, sicheren Ort wiederaufzubauen und dort möglichst nachhaltig zu leben und zu wirtschaften.

Fiji hat als erstes Land der Welt einen Fond eingerichtet, um die Umsiedlung von niedrig gelegenen Küstengemeinden zu finanzieren. Beim Wiederaufbau soll auch der Zugang zu Arbeitsplätzen, Schulen und medizinischer Versorgung sichergestellt werden. Die Finanzierung der genannten Maßnahmen übersteigt allerdings die Kapazität armer Länder – sie muss nach dem Verursacherprinzip auch von der internationalen Gemeinschaft mitgetragen werden.

Laura Schäfer, aus „Weitblick“ dem Informationsblatt von Germanwatch

... Klimawandel

Menschen angesichts von Wetterkatastrophen nicht allein lassen

Lösungsansätze zum Umgang mit Schäden und Verlusten im Globalen Süden

„Der Klimawandel hat bereits Auswirkungen auf alle bewohnten Regionen der Welt", stellt das zentrale Gremium der Klimawissenschaft, der Weltklimarat (IPCC), in seinem jüngsten Bericht fest. Das Jahr 2021 hat uns von Madagaskar bis Indien, von Deutschland bis Nordamerika, von Grönland bis Griechenland vor Augen geführt, was das heißt.

Das Risiko von Flutkatastrophen wie im Ahrtal hat sich in Mitteleuropa durch die Klimakrise bereits um das bis zu Neunfache erhöht. Alleine für die Schäden und Verluste durch das Hochwasser in Deutschland mussten bislang 30 Milliarden Euro an öffentlichen Mitteln aufgebracht werden. Eine Summe, die viele Länder nicht mobilisieren können.

Weltweit ist der arme Teil der Bevölkerung am stärksten von der Klimakrise betroffen. Ganz besonders gilt dies in Ländern des Globalen Südens. Einerseits sind diese geografisch besonders exponiert und andererseits sind viele Menschen dort aufgrund von Armut, Benachteiligung oder schlechter Regierungsführung besonders verletzlich. Immer häufigere und intensivere Extremwetterereignisse bringen Menschen und Regierungen oft an die Grenzen ihrer Handlungsfähigkeit.

Die direkten Herausforderungen, etwa durch Dürren und Ernteausfälle oder Überflutungen und die Versalzung von Böden, sind das eine. Zunehmend wird die Klimakrise aber auch zum Risikomultiplikator: In der Region um den Tschadsee wird – u. a.

wegen des Klimawandels – der Zugang zu Süßwasser, Weideland und Fischbeständen knapp, was Konflikte darum befördert.

So gelangt die Klimakrise inzwischen auch immer wieder auf die Agenda des Weltsicherheitsrats. Für eine wirkungsvolle Strategie der Weltgemeinschaft geht es einerseits darum, die unbewältigbaren Klimawandelfolgen zu verhindern (Klimaschutz) sowie gleichzeitig die unvermeidbaren Folgen der Klimakrise möglichst zu begrenzen und zu bewältigen (Umgang mit Klimawandelfolgen). Dazu müssen die Ziele des Pariser Klimaabkommens wirkungsvoll und schnellstmöglich umgesetzt werden.

Erstens bedarf es transformativen Klimaschutzes, um den Anstieg der globalen Durchschnittstemperatur auf 1,5° C zu begrenzen.

Zweitens lassen sich schon jetzt nicht mehr alle Klimawandelfolgen – weder langsam voranschreitende noch Extremwetterereignisse – verhindern.

Menschen und Staaten müssen sich schon heute daran anpassen, um sich bzw. die betroffenen Ökosysteme und Gemeinschaften zu schützen. Die menschliche Anpassungsfähigkeit hat jedoch technische, finanzielle und physische Grenzen, denn nicht alle Schäden und Verluste lassen sich verhindern – etwa das „Versinken" ganzer Inseln oder eine für den Menschen unerträgliche Außentemperatur. Betroffene Länder müssen nicht nur bei Klimaschutz und Anpassung, sondern auch beim Einsatz menschenrechtsbasierter Instrumente zur Bewältigung der Schäden und Verluste unterstützt werden. Hierfür bedarf es einer Aufstockung der internationalen Klimafinanzierung.

Eine Reihe vielversprechender Instrumente zur Bewältigung der Klimawandelrisiken und -folgen wird momentan in Ländern des Globalen Südens erprobt und umgesetzt. Dazu gehören die vielversprechenden Klimarisikoversicherungen, die allerdings Menschen ohne regelmäßiges Einkommen nur erreichen, wenn die Versicherungsprämie subventioniert wird. Länder wie etwa

Malawi oder Einzelpersonen wie Kleinbauern in Sri Lanka oder kleine und mittelständische Unternehmen auf den Philippinen können sich damit gegenüber dem erhöhten Risiko für Fluten, Dürren und Wirbelstürme absichern. Selbst wenn sie für arme Menschen zugänglich sind, lassen sich Versicherungen aber kaum als Instrument bei langsam voranschreitenden Klimawandelfolgen wie dem Meeresspiegelanstieg einsetzen.

Alle hier beschriebenen Instrumente zum Umgang mit Klimawandelfolgen funktionieren nur als Teil eines umfassenden Risikomanagementansatzes. Ein solcher wird momentan in Bangladesch als Teil des nationalen Mechanismus für Schäden und Verluste entworfen. Beispielhaft zeigt schließlich der Klima-Risiko-Atlas aus Indien, wie ein besseres Verständnis der Risiken bis hin zur lokalen Ebene dabei helfen kann, über die optimale Zusammensetzung der Instrumente zu entscheiden.

Deutschland kann die stockende internationale Strategie für Schäden und Verluste deutlich voranbringen. Vor allem nach den gescheiterten Verhandlungen zur Finanzierung von Schäden und Verlusten auf dem Klimagipfel in Glasgow ist es wichtig, hierzu neue Zeichen zu setzen.

Eine Möglichkeit dafür sind Transformationspartnerschaften mit Ländern des Globalen Südens auf Augenhöhe – basierend auf dem Verständnis der Ziele für nachhaltige Entwicklung, nach denen die Weltgemeinschaft als Wissensgemeinschaft und alle Länder als Entwicklungsländer anzusehen sind. So kann auch Deutschland – wie die Flutkatastrophen 2021 gezeigt haben – von Ländern wie Bangladesch beim Umgang mit Flutereignissen viel lernen.

Autoren: Laura Schäfer, Vera Künzel & Rixa Schwarz
aus „Weitblick“ dem Informationsblatt von Germanwatch

Neugierig? Sie können mit einem Probeabonnement zwei Hefte kostenlos testen. Oder bestellen Sie unseren Newsletter, der Sie kostenlos jede Woche auf dem Laufenden hält.

Auf www.welt-sichten.org/abo finden Sie alle unsere Angebote. Oder kontaktieren Sie uns unter:

Redaktion „welt-sichten“, Postfach 50 05 50, 60394 Frankfurt/Main, Telefon +49(0)69/58098-138, E-Mail: redaktion@welt-sichten.org

Deutschland (Gebühren in Euro, Stand Juli 2022)

Größe und Gewicht	Brief Inland	Brief Ausland	Büchersendung Inland	Warensendung Inland
Standardbrief bis 20 g minimal 140 x 90 mm maximal 235 x 125 x 5 mm Länge mind. 1,41 x Breite	0,85	1,10	-	-
Kompaktbrief bis 50 g minimal 100 x 70 mm maximal 235 x 125 x 10 mm Länge mind. 1,41 x Breite	1,00	1,70	-	-
Großbrief bis 500 g minimal 100 x 70 mm maximal 353 x 250 x 20 mm	1,60	3,70	1,95	1,95
Maxibrief bis 1000 g minimal 100 x 70 mm maximal 353 x 250 x 50 mm	2,75	7,00	2,25	2,25
Maxibrief Plus bis 2000 g Format maximal wie Päckchen	4,95	17,00	-	-
Postkarte minimal 140 x 90 mm maximal 235 x 125 mm Länge mind. 1,41 x Breite	0,70	0,95	-	-
Päckchen S bis 1000 g bis 350 x 250 x 100 mm	3,99			
Päckchen M bis 2000 g Länge + Breite + Höhe ≤ 900 mm keine Seite länger als 600 mm	4,79	EU: 10,99 weltweit 19,49	-	-

Zuschläge			
Übergabe-Einschreiben	2,65	3,50	Alle Angaben ohne Gewähr Weitere Informationen am Schalter oder unter www.deutschepost.de
Einwurf-Einschreiben	2,35	-	

Österreich (Gebühren in Euro, Stand Juli 2022)

Sendungsart	Inland		Europa	
	Priority	Economy	Priority	Economy
Brief S (bis 235 x 162 x 5 mm, 20 g)	0,85	0,81	1,00	-
Brief M (bis 235 x 162 x 5 mm, 75 g)	1,35	1,30	2,10	1,75
Päckchen S (bis 353 x 250 x 30 mm, 2 kg)	2,75	2,70		
Päckchen M (bis 100 x 60 x 60 cm, bis 4 kg)	4,30	4,10		
Brief L (bis 353 x 250 x 30 mm, 2 kg)			7,00	5,60
Brief XL (bis 100 x 60 x 60 cm, bis 4 kg)			12,90	9,90

	Außereuropäische Länder	
	Priority	Economy
Brief S (bis 235 x 162 x 5 mm, 20 g)	1,80	-
Brief M (bis 235 x 162 x 5 mm, 75 g)	2,75	2,55
Brief L (bis 353 x 250 x 30 mm, 2 kg)	12,35	10,25
Brief XL (L + B + H max. 90 cm, 2 kg, L max 50 cm)	24,20	21,80

Alle Angaben ohne Gewähr
Weitere Informationen
unter www.post.at.

Schweiz (Gebühren in sFr, Stand Juli 2022)

Für den Preis entscheidend ist vor allem die gewünschte Beförderungsgeschwindigkeit: A-Post-Sendungen werden in der Regel am folgenden Werktag zugestellt, auch am Samstag. B-Post ist nach zwei bis drei Tagen beim Empfänger, nicht jedoch am Samstag. Weitere Informationen am Schalter oder unter www.post.ch

Sendungsart		Inland	
		A-Post	**B-Post**
Brief (bis B5 x **20 mm**)	bis 100 g	**1,10**	**0,90**
(bis B5 x **50 mm**)	bis 100 g	**2,60**	**2,40**
Midibrief (bis B5 x **20 mm**)	bis 250 g	**1,40**	**1,15**
(bis B5 x **50 mm**)	bis 250 g	**2,90**	**2,65**
Großbrief (bis B4 x 20 mm)	bis 500 g	**2,10**	**1,85**
	bis 1000 g	**4,10**	**3,65**

Sendungsart			Europa	Übrige Länder
Brief				
maximal	bis	20 g	1,80	2,30
25 x 17,6	bis	50 g	2,90	4,10
x 2 cm	bis	100 g	4,00	5,30
Großbrief				
maximal	bis	500 g	12,00	16,00
35,3 x 25	bis	1000 g	18,00	28,00
x 5 cm	bis	2000 g	24,00	33,00

Alle Angaben ohne Gewähr

AB

Adresse	Telefon

CD

Adresse	Telefon

EF

Adresse	Telefon

GH

Adresse	Telefon

IJ

Adresse	Telefon

KL

Adresse	Telefon

Adresse	Telefon

OP

Adresse	Telefon

Adresse	Telefon

S

Adresse | Telefon

TU

Adresse	Telefon

VW

Adresse | Telefon

XYZ

Adresse	Telefon

Notizen

Notizen

Notizen

Notizen

Notizen

Notizen

Notizen

Notizen

Notizen

Notizen

Notizen

Notizen

Notizen

Zeit	Montag	Dienstag	Mittwoch	Donnerstag	Freitag	Samstag	So